EL VIAJE DE VUESTRA VIDA

TERESA VITALLER GONZALO

EL VIAJE DE VUESTRA VIDA

Guia práctica para afrontar con éxito
todas las fases de vuestra aventura

Nota a los lectores: Esta publicación contiene las opiniones e ideas de su autor. Su intención es ofrecer material útil e informativo sobre el tema tratado. Las estrategias señaladas en este libro pueden no ser apropiadas para todos los individuos y no se garantiza que produzca ningún resultado en particular. Este libro se vende bajo el supuesto de que ni el autor, ni el editor, ni la imprenta se dedican a prestar asesoría o servicios profesionales legales, financieros, de contaduría, psicología u otros. El lector deberá consultar a un profesional capacitado antes de adoptar las sugerencias de este, la integridad de la información o referencias incluidas aquí. Tanto el autor, como el editor, la imprenta y todas las partes implicadas en el diseño de portada y distribución, niegan específicamente cualquier responsabilidad por obligaciones, pérdidas o riesgos, personales o de otro tipo, en que se incurra como consecuencia, directa o indirecta, del uso y aplicación de cualquier contenido del libro.

Este libro no podrá ser reproducido, ni total ni parcialmente, sin previo permiso escrito del autor. Todos los derechos reservados.

Título: *El viaje de nuestra vida*
© 2019, Teresa Vitaller

Autoedición y Diseño: 2019, Teresa Vitaller

Primera edición: noviembre de 2019
ISBN-13: 978-84-18098-46-8

La publicación de esta obra puede estar sujeta a futuras correcciones y ampliaciones por parte del autor, así como son de su responsabilidad las opiniones que en ella se exponen.

Quedan prohibidas, dentro de los límites establecidos por la ley y bajo las prevenciones legalmente previstas, la reproducción total o parcial de esta obra por cualquier medio o procedimiento, ya sea electrónico o mecánico, el tratamiento informático, el alquiler o cualquier forma de cesión de la obra sin autorización escrita de los titulares de copyright.

ÍNDICE

Introducción 11
Presentación de la autora 17
PARTE 1: EL ADORABLE BEBÉ. Etapa de 0 a 36 meses . . . 25
1. La llegada de la nueva criatura 27
2. ¿Dónde estoy yo? 43
3. Las aguas vuelven a su cauce 55
4. Un mundo por descubrir 61

PARTE 2: LLEGÓ LA REVOLUCIÓN. Etapa de 3-6 años . . . 71
5. ¡He dicho que no! 73
6. ¡Mira lo que sé hacer! 77
7. Mamá, papá, ¿por qué? 91
8. ¿Quieres jugar conmigo? 99
9. Las peticiones del niño 107
10. Aprende a comunicar 117

PARTE 3: EL NIÑO SABIO. Etapa de 7-11 AÑOS 131
11. Después de la tormenta llega la calma 133
12. Preserva la esencia de tu hijo 137
13. Respeta su integridad 147
14. La gestión de conflictos 151

PARTE 4. ¿DÓNDE ESTA MI HIJO? Etapa de 12-17 años . . 169
15. Los cambios del niño 171
16. ¿Cómo nos vamos a entender? 177

17. Hablemos de sexo 183
18. La influencia del entorno 193
19. Fomentar la responsabilidad 203
20. Sé el lider de tus hijos 207
21. Padres conscientes, hijos felices 213

"La familia es la primera guía en tu vida"

(Haywood Nelson)

Bienvenido de nuevo, querido lector, al tercer libro que concluye la trilogía "Enséñales a volar". En los dos libros anteriores, hemos realizado un apasionante recorrido de autodescubrimiento, en el que has aprendido a valorarte por ser quien eres en realidad, y te has liberado de aquellos patrones de comportamiento que te condicionaban en la manera de educar a tus hijos.

Realizaste un fantástico trabajo de superación personal, para convertirte en la persona que estabas destinada a ser, y representar un modelo de auténtica felicidad para tus hijos.

En este último libro, quiero ofrecerte una práctica guía, con sencillas y concretas estrategias para cada fase del desarrollo del niño, de manera que puedas disfrutar plenamente de tu experiencia como padre o madre.

Nadie nos explica cómo educar a nuestros hijos, o qué métodos utilizar en cada etapa, así que he escrito este libro pensando en ti, para que puedas tener a tu disposición un válido manual, y seas consciente de las situaciones o conflictos con los que te vas a encontrar en cada fase, y las soluciones reales para resolverlos de la mejor manera.

Es importante que sepas en qué momento evolutivo se encuentra tu hijo en cada fase, y conozcas los comportamientos con los que te puedes encontrar, en base a cómo piensa y siente el niño en cada etapa de su desarrollo.

Solo de esa manera puedes ser capaz de ponerte en su lugar y tomar las decisiones adecuadas.

Recuerda que este libro ha sido escrito por una mamá que se inventó a sí misma, y superó muchos obstáculos para convertirse en la persona que es hoy, de manera que pudiera suponer el mejor ejemplo para sus hijos.

Por este motivo, es el mejor manual sobre crianza y educación que vas a encontrar en el mercado. No solo porque me he basado en todos los conocimientos que adquirí durante los años de formación en psicología, pedagogía, PNL, desarrollo personal...etc, sino porque he constatado en mi propia familia todas las técnicas que te iré mostrando a lo largo del libro, y te puedo asegurar que es un método validado y que, si lo aplicas bien, tienes el éxito garantizado.

Me he encargado personalmente de comprobar la validez de todo lo que te voy a explicar, y doy fe de que la vida de mi familia mejoró exponencialmente cuando comenzamos a aplicar todas las técnicas que te propongo.

La vida en familia es una maravillosa aventura, pero si no se establece un plan claro, los días pueden resultar tremendamente caóticos y los padres llegan a sentirse verdaderamente saturados, con todo el trabajo y la responsabilidad que recae sobre sus hombros.

Te hago una pregunta, y trata de ser sincero, recuerda que no puedes engañarte a ti mismo, y a estas alturas, después de todos los avances que has conseguido, no tendría sentido.

¿Cuántas veces te has visto atrapado en la rutina familiar y has deseado volver a una etapa de tu vida en la que te sentías más libre y tenías menos preocupaciones?

Debes saber que no eres el único, ya que a todos los padres nos pasa esta idea por la cabeza en algún momento. Es totalmente comprensible, y no tiene nada que ver con el amor que les tienes a tus hijos.

Lo importante es que entiendas, que esa impotencia que sientes, es consecuencia de la falta de planificación y de establecimiento de pautas claras en la familia. Puedes disfrutar plenamente de tu experiencia, si modificas algunos hábitos que hacen que no obtengas el resultado deseado.

Tras la lectura de los dos libros anteriores, has obtenido la mentalidad adecuada para aprovechar al máximo todo lo que voy a contarte.

Muchas veces se cae en el error de querer ir directamente a la técnica, sin poseer la base adecuada para poder aplicar todos esos conocimientos.

Como te conté anteriormente, mi propósito es concienciar al mayor número de personas posible sobre la inminente necesidad de cambiar el modelo educativo familiar, para dejar un mundo más consciente a nuestros hijos, en el cual puedan vivir en libertad en base a sus ideas, y de la misma manera respeten las de todo el mundo.

Ya aprendiste, que para cambiar lo que no funciona en tu familia, primero debes cambiar tú, y plantearte los aspectos de tu personalidad que de alguna manera, influyen en las dinámicas familiares.

Así que ya estás preparado para asimilar de la mejor manera toda la información que te presento en las siguientes páginas.

A menudo muchos padres se preocupan por enseñar a sus hijos el respeto por el medio ambiente, a ser modelos de comportamiento, y a disponer de diversas habilidades para el futuro, pero ¿qué hay del respeto a sí mismos?

En este libro te voy a ayudar a cambiar por fin algunas de esas creencias que hablan de formas de educar del pasado, para que adoptes una nueva visión sobre la importancia de respetar la integridad de los niños y basar vuestra relación en la igualdad y el respeto mutuo.

Es para mí un honor poder compartir contigo todo lo que aprendí durante mis años de formación, y sobre todo de mi experiencia como madre y mujer.

Mi intención es ayudarte a vivir plenamente, y ofrecerte soluciones reales a todas aquellas situaciones en las que pierdes la paciencia, o no encuentras la manera de reaccionar de forma diferente, por mucho que te esfuerces.

La familia, es la primera institución en la cual los niños aprenden cómo relacionarse con el mundo, y en base a lo que vivan y experimenten bajo vuestro techo, tendrán un tipo de relaciones u otras en el futuro.

Es muy importante entender la trascendencia de todo lo que ocurre en casa, ya que de ello dependerá en buena parte, el tipo de persona en la que se convierta tu hijo.

Con tu permiso, voy a llevarte de la mano a través de todas las fases de la vida del niño, desde el nacimiento, pasando por la niñez y la pubertad, hasta llegar a la adolescencia, y te voy a ofrecer una visión seguramente diferente de la que tienes a día de hoy.

No importa si ya has vivido esas fases porque tus hijos son más mayores, ya que revivirlas, te ayudará a identificar el origen de ciertos comportamientos indeseados y cómo remediarlos.

Te felicito por embarcarte en este viaje, denota que eres una persona comprometida con el bienestar de tu familia. Ten por seguro, que todo esfuerzo en la vida es recompensado, así que antes o después recogerás la cosecha de lo que estás sembrando hoy.

PRESENTACIÓN DE LA AUTORA

Como ya te he contado, soy madre de dos niños pequeños, de dos y cuatro años, y vivo en Italia desde hace más de 10 años.

Todo lo que he obtenido en la vida no ha sido fácil, y es precisamente por eso que lo valoro tanto ahora. Cuando dejé mi tierra natal (Zaragoza) pasé por momentos muy difíciles, sea personales que económicos, pero no me rendí, sino que mantuve la vista al frente hacia la visión de una vida mejor, lo cual unido a un gran compromiso me llevó a conseguir los resultados que hoy tengo.

De pequeña era muy tímida, y el entorno en vez de ayudarme a superar la timidez, me hacía pesar más ese aspecto de mi carácter, como si fuera un defecto. Todo eso contribuyó a desarrollar un sentimiento de inferioridad, como si hubiera algo equivocado en mi. Siempre me comparé con los demás, hasta que por fin entendí que cada ser humano es único, por tanto no sirve de nada mirar hacia fuera, sino que debemos prestar atención a nuestro interior..

Por eso me decidí a escribir mi trilogía, ya que tras ser madre, pasé por una crisis personal en la cual había perdido completamente mi identidad, y sentía que iba hacia adelante por inercia, sin ningún tipo de pasión o entusiasmo por la vida.

Fui valiente y escuché a mi corazón, estableciendo que no quería eso en mi vida, porque yo era mucho más que los problemas y limitaciones de mi mente.

Rompí con todos los patrones del pasado, y me convertí en una nueva persona, la madre que mis hijos se merecen, y no aquella persona llena de dudas y complejos, que arrastraba una herencia emocional de la que debía desprenderse para avanzar en la vida.

El motivo por el que escribí mi trilogía eres TÚ. Quiero darte una esperanza, y que no pases por las tinieblas que tuve que atravesar para llegar a ser quien soy hoy.

Estoy comprometida con todos los padres que quieren mejorar para dejar un mundo mejor a sus hijos, y mi misión es acompañarte en tu proceso de transformación.

Durante la crianza de mis hijos estuve sola, porque con mi familia lejos y mi marido trabajando todo el día, no tenía prácticamente ayuda de nadie.

Pero en realidad, ese desafío supuso mi verdadera fortaleza, porque fue cuando realmente entendí todo el potencial que llevo dentro y lo saqué hacia fuera.

Con mis libros, mi intención es **ayudarte a descubrir tu verdadero potencial y que eduques a tus hijos desde TU ESTILO**, no desde el mío, el de tus padres, o el de tus amigos, ya que solo cada padre y cada madre saben lo que es mejor para sus hijos.

En estas páginas no vas a encontrar lo que normalmente se lee en los libros de crianza o educación. Este no es otro libro más, sino que es la guía de todo aquello que deberías hacer para que te fuera bien y nadie te ha contado.

Puede que haya cosas que te choquen, porque socialmente no son muy populares, o simplemente porque casi nadie habla de lo que te voy a contar.

Quiero ayudarte a que tengas los recursos adecuados para que te sientas capaz de superar con éxito todos los retos con los que te vas a encontrar en vuestra vida.

Espero que todo lo que te voy a contar te sea útil, y sobre todo que os ayude a tener una existencia plena y satisfactoria.

Recuerda que mi propósito sois tú y tu familia. Deseo de todo corazón que podáis vivir de la manera que os merecéis: siendo libres y amándoos de manera incondicional.

No veo la hora de empezar, ¡te espero en las siguientes páginas!

"Nuestro destino nunca es un lugar, sino una nueva forma de ver las cosas"

Henry Miller

Estás a punto de comenzar un viaje a lo largo de todas las fases por las que estáis pasando y pasaréis a lo largo de vuestra vida. Te pido una vez más que te enfoques desde la apertura mental que ha caracterizado la lectura de los libros anteriores.

La vida es un aprendizaje, un crecimiento constante, y los hijos son fabulosos maestros que nos impulsan a ser mejores personas para poderles ofrecer una vida fantástica.

Conforme van creciendo, también vas desarrollándote tú y conociendo una nueva versión de ti mismo desconocida hasta la fecha. Vas adquiriendo las habilidades necesarias y ajustando la visión de la vida en bases a las prioridades y necesidades de la familia.

Cuando te liberas de las creencias que te tenían atado a una vida que no elegiste con el corazón, eres capaz de sacar a la luz todo tu potencial y ponerlo al servicio de los demás.

Esto te proporciona una satisfacción sincera que supone un legado de amor, respeto y libertad para tus hijos, ya que al haber escuchado tu mensaje interior, serás capaz de reconocer también el suyo.

Lo más importante antes de comenzar este camino es asumir que somos seres vulnerables, y por tanto es fácil volver atrás si no se toma una firme decisión cada día.

Con cada amanecer debes elegir ser la persona que has decidido ser, no obstante el entorno te diga que no es lo adecuado, o las circunstancias no vayan a tu favor.

Si eres capaz de dirigir tu mirada hacia lo esencial y alejarte de las imposiciones que marca la sociedad, serás capaz de ofrecer a tus hijos una educación ejemplar.

Tal vez haya argumentos de este libro que de entrada no te suenen muy bien, pero te pido que no los analices desde tu mente condicionada, sino desde tu Yo liberado, capaz de ver las situaciones con un enfoque consciente.

Tu destino no está escrito, sino que lo creas con las decisiones que tomas diariamente. No existe nada a cambio de nada, es necesario dar antes de recibir. Por tanto, si deseas que tus hijos sean un ejemplo para los demás, primero debes serlo tú para ellos.

Nadie dijo que ser padre o madre fuera tarea fácil. Personalmente creo que es lo más difícil que un ser humano pueda hacer en la vida, pero sin duda lo más gratificante. El mayor orgullo que podrás sentir en la vida es saber que tus hijos son personas de bien, que viven conforme a sus propias ideas y ponen su vida al servicio de los demás.

A lo largo del camino habrá momentos difíciles, retos, imprevistos, duras pruebas. No quiero venderte una vida ideal porque sencillamente no existe, pero te puedo asegurar que si cambias tu manera de ver las cosas, podréis disfrutar de todas las maravillas que os ofrece la vida y a las que a veces has renunciado por escuchar al ego y dejarte influenciar por los demás.

¿En cuántas ocasiones has sentido que tomabas decisiones de las que no estabas convencido, pero el entorno te forzaba a tomar?

Quiero ayudarte a obtener la claridad suficiente como para que decidáis de manera consciente la manera en la que os gustaría vivir, y que nada ni nadie os aleje de vuestros objetivos.

Es para mí un verdadero privilegio poder guiarte a través de las páginas de este libro hacia un mayor empoderamiento como padre y madre consciente que eres.

¿Estás preparado? Yo estoy deseando comenzar...

Te espero en el primer capítulo.

PARTE 1:
EL ADORABLE BEBÉ
Etapa de 0 a 36 meses

"Cada nacimiento representa la esperanza de construir un mundo mejor, si los padres de la criatura están decididos a cambiar ellos mismos, para poder educarle como un sujeto libre"

Teresa Vitaller Gonzalo.

1

LA LLEGADA DE LA NUEVA CRIATURA

"Cuando un niño recién nacido aprieta por primera vez el dedo de su padre, lo tiene atrapado para siempre"

(Gabriel García Márquez)

La llegada del bebé es un evento único en la vida, y como tal debería vivirse en la más estricta intimidad de la pareja y familiares más allegados.

Es un momento tan mágico como caótico, ya que los recién estrenados papás se sienten totalmente desorientados con su nuevo rol, y en este sentido el entorno no suele ayudar mucho a hacerte las cosas más llevaderas.

Culturalmente, se nos ha acostumbrado a hacer partícipes del nacimiento a todos nuestros familiares y amigos, y en ocasiones, se vuelve casi una ocasión de encuentro, y acaban pasando en segundo plano el estado físico y emocional de la madre, y las necesidades biológicas del bebé.

Sigo sin entender qué prisa hay de ir a visitar al recién llegado en cuanto nace, o a los pocos días de volver a casa del hospital, ¡como si fueras a desaparecer de la faz de la tierra!

Puede que te sientas identificado si te digo que en las primeras semanas de haber dado a luz a mi primer hijo, recibimos una media de dos visitas al día.

Sin embargo, cuando mi hijo cumplió un par de meses, y ya era el momento adecuado para presentarlo al mundo, la gente se desvaneció como por arte de magia.

Es algo totalmente lógico pensar que los primeros días después del parto, la madre y el bebé necesitan tiempo para conocerse, instaurar la lactancia y descansar.

Pues parece que la gente no comprende algo tan sencillo, y se presentan en tu casa, en el mejor de los casos habiendo avisado media hora antes, como si hubieras declarado jornada de puertas abiertas.

Y ahí estás tú neomamá, con los pechos doloridos, la cicatriz de los puntos que tira, unas ojeras que te llegan a las rodillas, un minúsculo ser apoyado en tu regazo, al que amas hasta la médula pero que todavía no has tenido tiempo de conocer, y la gente que te pregunta por la décima vez: ¿Qué tal estás? ¿Cómo ha ido todo?

Lo primero que se te pasa por la cabeza es: "Bueno, estaría mejor si no hubiera nadie en mi casa en este momento, pero aparte de sentirme como si me hubiera pasado un camión de mercancías por encima, de maravilla gracias."

Obviamente, no puedes responder eso, aunque sería lo más acertado y acabas respondiendo: " Bien, la verdad que me estoy recuperando poco a poco y el bebé es adorable, come y duerme todo el día", de manera que les das la respuesta que quieren escuchar.

¿Porqué cuesta tanto decir que no a la gente en estas ocasiones?

Volvemos siempre al punto de origen que hemos visto en los dos libros anteriores: son las creencias colectivas que nos dicen que es correcto recibir de buena gana las visitas tras el parto, aunque en realidad preferirías pegarte un tiro antes que atender a todas esas personas, pero terminas haciéndolo aún yendo en contra de ti mismo, para no sentirte un maleducado y un desagradecido.

Ahora te hago estas preguntas:

¿Dónde está escrito que deba ser así? ¿Quién dice que es lo correcto, si en realidad no te sientes bien cuando invaden tu espacio vital?

Una vez más querido lector, se trata de romper esos patrones y esquemas limitantes que no te permiten vivir esta experiencia mágica de manera libre: cómo, cuándo y donde tú decides, no de la manera que establece la sociedad.

Si todavía estás esperando a tu bebé y estás a tiempo, mi consejo para ti es el siguiente:

> **VIVE EL MOMENTO EN LA MÁS ABSOLUTA INTIMIDAD.**

No permitas que nadie perturbe esos momentos que os pertenecen solo a vosotros. Es un derecho legítimo que no puedes negar a tu hijo. Tienes que saber que el entorno afecta al bebé, y si a su alrededor hay mucho alboroto, o va pasando de mano en mano como si fuera un balón, pueden verse alterados sus ritmos biológicos de sueño, ponerse más nervioso, o incluso en el peor de los casos, puede contraer alguna enfermedad, ya que el sistema inmunológico de los recién nacidos es muy débil.

Así que no infravalores estos aspectos, porque no se trata solo de respetar la propia intimidad, sino de preservar el bienestar y la salud del pequeño.

Vuestro objetivo debe ser propiciar un ambiente seguro y tranquilo al bebé, en el cual no quiere decir que no haya ruidos, porque debe acostumbrarse gradualmente a la vida fuera del útero, pero tampoco significa que tenga que haber constantemente bullicio a su alrededor, justificándolo con el hecho que " tiene que aprender a tolerar los ruidos".

Bien, yo le diría esas personas que "tienen que aprender a respetar las necesidades y ciclos naturales del niño", porque lo más lógico es que los adultos nos adaptemos al bebé y no al contrario.

Asímismo, es una fase muy delicada para la madre, por lo tanto necesita recibir atención y ayuda en las tareas domésticas. Su único trabajo debería consistir en recuperarse y cuidar del bebé.

Seré clara, y te pido disculpas de antemano si lo que voy a decir a continuación suena muy agresivo, pero creo que es necesario empezar a transmitir de forma sincera y sin sentirnos culpables, lo que pensamos las mujeres tras el parto.

De esta forma, podemos ser de ayuda a tantas otras neomamás que están atravesando esa difícil etapa, y también hacer entender un poco mejor nuestra posición a los hombres, para que se hagan una idea de cómo nos llegamos a sentir en algunos momentos, y que nuestras reacciones no son desmesuradas o extrañas, sino totalmente comprensibles.

<u>Cuando una mujer da a luz, en la mayoría de los casos, sufre una bajada hormonal fisiológica, que le provoca una serie de fluctuaciones en el estado de ánimo.</u> Es más, estudios apuntan que la mayor parte de las mujeres, durante los días sucesivos al parto, sufre el denominado "**baby blues**".

Se trata de un síndrome transitorio leve, caracterizado por la sensación de tristeza, irritabilidad, angustia, ganas frecuentes de llorar...Normalmente remite de manera natural después de un par de semanas.

Si no es así, hay que prestar mucha atención a los síntomas, por si pudiera tratarse de una depresión postparto, en cuyo caso habría que acudir a un especialista de inmediato.

<u>Teniendo en cuenta el estado emocional de la madre, no me parece muy indicado darle consejos sin que los haya pedido,</u> hacerle notar sus errores, o cuestionar sus decisiones. Y precisamente, estos son los tres errores que se cometen comúnmente con una mujer que acaba de dar a luz.

Lo primero, esa mujer no necesita que nadie le venga a decir cómo tiene que coger en brazos a su hijo, lo importante que es la leche materna o si está haciendo que el bebé se enganche mal al pecho.

Esos comentarios, aunque se hagan con buena intención, pueden herir a una persona con los sentimientos tan a flor de piel como los tiene una neomamá en ese momento. Esa mujer, ya tiene suficiente con aprender a cuidar de su hijo y de sí misma, como para que venga nadie a darle lecciones, o incluso a hacerle sentir incapaz.

En este sentido, todavía nos queda mucho por avanzar en la sanidad pública, para que se garantice un apoyo psicológico adecuado a la madre tras el parto.

Y por adecuado me refiero a dejarla que decida libremente si quiere dar el pecho o no a su hijo, y que no se le haga sentir culpable si decide no hacerlo, como sucede en muchas ocasiones. No solo no se ofrece ayuda, sino que además la mujer viene juzgada. ¿Acaso somos animales de crianza?

Somos seres humanos con sentimientos y con una historia personal detrás, así que no se pueden hacer ciertos comentarios a la ligera, sin ni siquiera conocer a la persona que tienes delante.

¿Qué sabes tú de mí como para venir a juzgar mis decisiones?

Quiero decirte que no te sientas mal si decides por el motivo que sea no dar el pecho a tu hijo. Como te conté en "Tu felicidad, su mayor regalo", tuve dificultades en mi primera experiencia de lactancia, y algunas matronas o médicos me hicieron sentir muy mal cuando pedía un biberón para dar de comer a mi hijo, que lloraba desconsolado por la falta de leche.

Recuerdo que salí llorando de la sala de lactancia con ese diminuto biberón en la mano y sintiéndome el ser más despreciable sobre la faz de la tierra, por no ser capaz de dar a mi hijo mi propia leche. Ahora miro hacia atrás y me doy cuenta de que por aquel entonces todavía me quedaba mucho por aprender.

Pero hoy, mi mensaje para ti es que si estás pasando por una situación similar **NO DEBES HACER CASO**, no te dejes coaccionar y haz lo que tu corazón te indique.

Recuerda que **no eres mejor o peor madre por dar el pecho o el biberón, esa es una creencia obsoleta**. El amor de una madre es tan grande que resulta inconcebible medirlo a través de ese parámetro, ¿no te parece?

De la misma manera, son las propias personas del entorno más cercano las que te hacen sentir mal, cuando no haces lo que está bien visto, o se esperan de ti. No solo se entrometen en tu espacio íntimo, sino que creen saber también lo que es mejor para vosotros.

¿Sabes que sería lo más apropiado decir a esas personas?

Os agradezco de corazón el interés mostrado en nuestra nueva familia, pero estamos muy bien y no necesitamos consejos, ni opiniones de nadie. Estamos empezando a conocernos, así que os ruego que nos permitáis disfrutar de los comienzos en intimidad, ya que no estamos preparados todavía para recibir visitas. Más adelante, estaremos encantados de recibiros y presentaros a nuestro maravilloso bebé, pero de momento necesitamos entender cómo funciona todo esto por nosotros mismos. Eso sí, en nuestra casa hay una regla y es que si tenemos alguna duda os la haremos saber, pero preferimos no recibir consejos.

Tenemos muy en cuenta vuestro cariño e interés, y os esperamos dentro de un tiempo.

¿Porqué la gente no es capaz de transmitir esta sinceridad aunque en el fondo es lo que piensa?

Te confieso que yo tampoco lo hice en su momento, porque no tenía el nivel de consciencia que tengo ahora, pero si pudiera volver atrás en el tiempo, lo diría sin dudar a todas aquellas personas que me incomodaron en su día.

Y esta determinación querido lector, deriva del amor propio y el respeto que te tienes. Cuando te amas lo suficiente, y entiendes que ese momento es sagrado para ti y tu familia, no permites que nadie os perturbe y mucho menos que os diga cómo vivir vuestra vida.

Por eso hemos trabajado tan a fondo estos aspectos en los dos libros anteriores, porque para poder aplicar la mayor parte de lo que te voy a contar en este libro, has tenido que liberarte de aquellos patrones que no te permiten vivir tu vida de manera libre.

En este ejemplo que te he puesto, se genera un sentimiento de culpa, al no acontentar a las personas que quieren conocer al bebé, pero esta dinámica como verás, la podemos extrapolar a todas las fases de vuestra vida.

Piensa que la gente de tu alrededor siempre tendrá algo que decir, tanto vale entonces vivir en base a tus propios principios e ideas, ¿estás de acuerdo conmigo?

Llegados a este punto, quiero darte una serie de **consejos prácticos para esta primera fase**, especialmente a ti querida amiga, de manera que tu experiencia sea lo más agradable posible, dentro de un contexto tan delicado como es el puerperio.

En la medida de lo posible, me gustaría ayudarte a atenuar las dificultades más grandes que vas a encontrar, como son el cansancio físico y mental, la falta de sueño, y los estados de humor cambiantes, aunque debes saber que nadie te puede evitar el malestar, lo único que puedes hacer es estar más preparada a nivel mental y tener más recursos.

Mis recomendaciones son las siguientes:

Descansa siempre que puedas

Aprovecha para dormir cuando el bebé descanse y delega las responsabilidades domésticas a tus seres más allegados. Después del parto, la mamá y el bebé necesitan recuperar toda la energía gastada, y en algunos casos, esta recuperación lleva varias semanas.

Además considera, que no puedes dormir más de tres horas seguidas en la mayoría de los casos, debido a las demandas del bebé, así que deberás acostumbrarte a esta nueva modalidad de descanso, intentando recuperar alguna hora adicional durante el día, hasta que tu organismo se habitúe y los horarios de las tomas se vayan regulando.

Organízate bien para las largas noches

Por las noches, intenta tener todo lo necesario a tu alcance, como cojines, baberos, calienta biberones si no das el pecho, biberón con la leche dosificada, lámpara de luz tenue, una botella de agua y algún snack por si te entra hambre, de manera que puedas mantener ese estado de semivigilia y no te desveles completamente, ya que al no estar acostumbrada, te costará bastante volver a dormirte cada vez que tengas que despertarte.

No sufras innecesariamente.

Si el bebé llora cada vez que lo dejas en la cuna, y decides meterlo a la cama contigo para que se calme, no te sientas mal y no hagas caso a los que te dicen que ya no lo podrás sacar de ahí. Si os hace sentir bien a ambos, es algo completamente natural y sano para el desarrollo del bebé, y también para ti, ya que es indescriptible la magia de tener cerca de ti el diminuto cuerpo de tu hijo y sentir su respiración.

Al fin y al cabo, habéis estado unidos en cuerpo y alma durante nueve meses, no me parece tan raro que ambos sintáis la necesidad de estar juntos en la cama, y poder descansar mejor.

Lo que quiero decir es que si sientes el impulso de tenerlo cerca para poder dormir más tranquila y así el bebé esté más relajado, hazlo sin preocuparte por los que dicen que no es saludable, porque es precisamente tu instinto el que te indica si algo es correcto o no, y no las normas e imposiciones de una sociedad, que en algunos casos son absurdas.

Ten una nevera llena de comida

Pídele a tu madre o a alguien cercano que te prepare abundante comida y congélala si no pueden llevártela a diario, de manera que puedas tener siempre a disposición algo sano para comer, porque es muy importante que te alimentes e hidrates de manera adecuada tras el parto.

Con la lactancia se gastan muchas calorías y además el organismo necesita reponer todos los líquidos y minerales que se han perdido. Una buena alimentación, es clave para una rápida recuperación. Asímismo, asigna las tareas de ir al supermercado o la farmacia, y procura tener siempre en la despensa todo lo necesario.

Mímate y concédete un premio.

Date algún capricho para sentirte mejor, todo el mundo suele pensar primero en el bebé, y la casa está llena de ropa de recién nacido y de objetos de puericultura, pero ¿qué hay de ti? Debes darte un reconocimiento por lo bien que lo has hecho, ya que aunque demos por descontado que el parto es algo natural, en realidad es un momento complicado en la vida de una mujer, que requiere de una fortaleza y desgaste energético inigualables.

Así que prémiate, porque has superado una prueba de fuego y ¡has dado a luz una nueva vida! No subestimes nunca tu increíble poder. Piensa que has realizado una obra de arte, eres una artista y tu creación es una maravillosa criatura que te admira con los ojos del amor más sincero y puro que existe.

Concédete una pausa si la necesitas y haz aquello que te haga sentir mejor, sin culpabilidad, sino afrontándolo desde la madurez de la nueva persona que eres.

Delega y pide ayuda.

Delega las responsabilidades de las tareas domésticas durante las primeras semanas a tus familiares, y preocúpate solamente de recuperarte y de atender a tu bebé. Cuando llegue el momento, irás retomando la rutina y haciendo cada vez más cosas.

No te preocupes si al principio no te ves capaz de gestionar todo, recuerda que posees un increíble potencial, y solo te hace falta creer en ti para despertarlo. Te vas a sorprender de la cantidad de cosas que eres capaz de hacer al cabo del día conforme vaya pasando el tiempo y ganes confianza.

Recuerdo que en mi primera experiencia de maternidad, mi madre vino a Italia a ayudarme y nos acompañó durante un mes tras el nacimiento de mi hijo.

El día que se marchó, me sentí muy desolada, pensaba que no era capaz de cuidar del bebé y además ocuparme de todas las demás tareas domésticas.

Sin embargo, poco a poco fui integrando todo de una manera natural, sin agobiarme ni presionarme demasiado. Si un día no llegaba a hacerlo todo, sabía que debía ocuparme de lo primordial y lo demás dejarlo para el día siguiente.

No te cargues de demasiadas responsabilidades si sientes que no puedes y sobre todo, ¡pide ayuda si la necesitas!

Tenemos que erradicar de una vez el concepto machista que ha dominado nuestra sociedad durante siglos, que dice que la mujer debe ocuparse ella sola de los hijos y de la casa, porque además hoy en día la mujer trabaja fuera de casa también, en la mayor parte de los casos.

Aunque hemos evolucionado mucho respecto a generaciones como las de nuestros padres y abuelos, todavía hay mucho por conseguir para que exista una verdadera igualdad de género.

Casi siempre, aunque conozco casos en los que sorprendentemente es al contrario, es la mujer la que lleva el peso de todo lo relativo a los hijos y al hogar.

Los hombres colaboran, la mayor parte de las veces,

pero no se toman el mismo nivel de responsabilidad que la mujer, no sé si me explico.

No es lo mismo decir, ¿en qué puedo ayudarte?, que ¿cómo nos vamos a organizar? En el primer caso, se sobreentiende que la responsabilidad es de la madre, y el papá le ofrece su ayuda.

En el segundo caso, el papá sabe que la responsabilidad es tanto suya como de su pareja, por tanto no puede preguntarle cómo ayudarle, sino establecer de mutuo acuerdo la organización de las tareas.

Este es un mensaje dirigido a todos los neopapás que trabajan fuera de casa:

Querido padre, no creas que porque te levantas temprano para ir a trabajar y tu pareja se queda en casa con el bebé, está mejor que tú o se cansa menos.

Ella ha sufrido una brutal transformación a nivel físico y psicológico, y ni siquiera se reconoce cuando se mira al espejo.

No pienses ni por un momento que su posición es más cómoda que la tuya, porque ni te imaginas lo que significa tener la responsabilidad total de un recién nacido durante las 24 horas del día.

Ella no te lo dice, pero a veces le gustaría cambiarse contigo e ir a trabajar para poder desconectar un poco.

Sé que para ti tampoco es nada fácil y que te sientes desorientado, es perfectamente comprensible. Habéis pasado de vuestro equilibrio en dos, a convivir con una criatura que no conoces. No tienes el instinto maternal de una mujer, y te cuesta entrar en sintonía con el bebé.

<u>También andas falto de sueño, y sobre todo de aten-</u>

ción. Esa atención exclusiva que hace unas semanas recibías sin condición y que desde el nacimiento, ha desaparecido como por arte de magia.

No te preocupes, porque antes o después volveréis a tener vuestra complicidad e intimidad, pero ahora debes dar la prioridad a ellos dos.

Es un momento en el que el hombre debe ser inteligente y no dejarse llevar por el ego. No le hagas pesar que ya no tiene tiempo para ti, porque bastante carga lleva encima.

Sin embargo, **¿porqué no pruebas a sostenerla y apoyarla en este momento tan delicado sin esperar nada a cambio?**

Llegará el tiempo en el que volverá a preocuparse por ti, tranquilo. Pero ahora, sencillamente no puede, porque su cerebro está en modalidad de supervivencia.

Ayúdala en todo lo que puedas, apóyala y sosténla en sus momentos de debilidad, pensando que acabáis de constituir una nueva familia, y los inicios no son fáciles.

Si te involucras en los cuidados del bebé, poco a poco vais a establecer ese vínculo tan especial, y además la mamá se sentirá muy complacida de ver que te interesas por el pequeño.

Recuerda que mi objetivo es que os sintáis lo mejor posible y que podáis evitar los clásicos errores que se cometen en estos casos, así que espero que no te haya sentado mal nada de lo que he dicho, sino que lo tomes como lo que es, el consejo de una madre que ha pasado por todas esas dificultades y quiere ayudarte a que vivas tu experiencia desde la tranquilidad y el amor.

Quiero ayudaros con todo mi corazón a que **os apo-**

yéis mutuamente y os sepáis poner el uno en el lugar del otro, porque es la base de una relación madura, y también del bienestar del bebé, porque no solo se nutre de alimento, sino del amor que respira en vuestro hogar y del estado emocional de la madre, que puede mejorar considerablemente si siente tu apoyo y comprensión incondicional.

Quiero seguir contándote muchas más cosas en las siguientes páginas. Te veo enseguida...

¿DÓNDE ESTOY YO?

" Si quieres dar lo mejor a tu hijo, primero trata de pensar en lo que necesitas tú para estar bien, porque su bienestar depende directamente del tuyo"

Teresa Vitaller Gonzalo

Este capítulo lo dedico a ti mujer, hermosa guerrera, capaz de soportar los dolores más atroces y recibir con todo tu amor y ternura a ese maravilloso ser que procede de tus entrañas.

Eres más fuerte de lo que nunca has imaginado, y en este fantástico viaje lo vas a descubrir. Te vas a dar cuenta de que todo aquello que te decían sobre la capacidad que tienen las mujeres de construir, crear y donar amor ilimitado, es cierto.

Vas a experimentar el amor más grande que se pueda sentir, al entender que en realidad no has sido solo tú la que ha dado la vida a ese diminuto ser, sino que él ha vuelto a dártela a ti también.

Se te ha dado la oportunidad de volver a vivir todas las fases de tu vida con los ojos de la inocencia y la pureza, y este es el mayor privilegio que un ser humano pueda tener. Nunca olvides el inmenso regalo que te ha sido concedido.

Pero no quiere decir que el camino esté exento de dificultades, es más, normalmente la proporción de estas, suele ser equivalente a aquella de la felicidad y la dicha que sientes.

Desde el primer momento en que abrazas a tu bebé, se crean una serie de conexiones neuronales en tu cerebro que te llevan a establecer una prioridad absoluta en tu vida: **cuidar y proteger a esa criatura que acaba de nacer.**

Esto es lo más natural y razonable, teniendo en cuenta que se trata de un ser totalmente indefenso, pero <u>no debes olvidar que para transmitirle esa seguridad y amor que deseas brindarle, debes prestar atención a cómo estás tú.</u>

Y no solo me refiero a tu estado externo, porque ya sabemos que has tenido momentos mejores en lo que a apariencia física se refiere, sino a cuál es tu condición interior, si te sientes feliz o triste, con ganas de hacer las cosas o apática y con falta de entusiasmo.

Lo primero que quiero decirte es que no te sientas mal ni te juzgues por ninguno de tus sentimientos, porque son todos absolutamente normales. Ninguna de las reacciones que puedas tener debe ser mal entendida, sino vista desde la perspectiva de una mujer que acaba de poner su vida patas arriba y no tiene la más remota idea de cómo va a salir adelante.

Todo lo que te pase por la cabeza en esta situación, no indica que seas mejor o peor persona, o que vayas a ser una mejor madre, sino que simplemente son pensamientos derivados del cocktail de sensaciones que estás experimentando.

Créeme si te digo que poco a poco las aguas irán volviendo a su cauce y podrás recuperar el control de tu vida.

Las hormonas irán estabilizándose, y tu cuerpo se acostumbrará a la falta de sueño y al descanso interrumpido. Vas a sobrevivir y además, con el tiempo serás capaz de integrar en tu vida la mayor parte de las actividades que realizabas antes de ser mamá, si te lo propones.

Pero es importante que en esta fase en la que te encuentras, hagas el esfuerzo por tomar el control de las circunstancias y no te dejes llevar por las emociones.

Para lograrlo, puedes hacer algo que te ayude a sentirte mejor, como por ejemplo concederte un espacio para mejorar tu aspecto físico, salir de compras y renovar tu vestuario, o simplemente hacer aquello que tanto te gusta.

Estas cosas pueden mejorar tu estado de ánimo, pero en realidad, sabes muy bien que la felicidad es un estado interior y no depende de factores externos, así que si no soluciones otros problemas, todo eso no te servirá de mucho a largo plazo.

Así que vamos a analizar un tema que normalmente no se trata, porque se espera que la mujer sea capaz de encajar todos estos cambios por si sola, ya que la creencia colectiva establece que el parto y la crianza son algo natural que se deben saber afrontar de manera espontánea.

La crisis de identidad

La mayor parte de las mujeres se enfrentan durante el puerperio a la mayor crisis de identidad de su vida: por unos meses se alejan completamente del entorno laboral y social, dejan de hacer todo lo que hacían antes para ocuparse del bebé, y esta pasa a ser su ocupación principal durante los primeros meses.

En realidad, la sensación de no tener el control, se debe al hecho que dejas de identificarte con la imagen que habías construido de ti misma en el pasado, para pasar a conocer una nueva versión tuya, desconocida hasta el momento.

Lo que normalmente no se dice es que, en realidad, lo que comúnmente se denomina como "crisis de identidad", se trata de una **apertura del espíritu**, es decir, **la ocasión de recordar la esencia de lo que eres realmente.**

Así que si lo piensas bien, parece más bien **la oportunidad para reencontrarte con tu verdadero Yo**, y no un evento negativo.

Normalmente en la vida, aquello que nos resulta más doloroso o incómodo, trae consigo la llave para una increíble transformación.

Los hijos son maravillosos mensajeros, que nos brindan la ocasión de volver a nuestra verdadera esencia.

y nos ayudan a rescatar esa parte más auténtica que había permanecido en el olvido, debajo de aquella identidad que creaste a lo largo de tu vida, en base a tus vivencias y a tus convicciones.

Si miras desde otra óptica, entenderás que gracias a esta maravillosa experiencia, tienes la oportunidad de alejarte del ruido del mundo, de entrar en contacto contigo misma y descubrir realmente lo que quieres.

Precisamente, lo que más agobia al principio, es no poder llevar el ritmo de vida que tenías antes del embarazo y el parto, pero salir de esa rutina te permite vislumbrar con más claridad quién eres de verdad, independientemente de lo que haces.

Muchas veces te acabas identificando con lo que haces, con el ambiente y la forma de pensar de la gente que frecuentas, sin darte cuenta de que eres mucho más de eso.

Lo que más asusta cuando te alejas de todo aquello, es ponerte de frente a ti misma al desnudo, sin máscaras.

La verdad es que hace mucho que no te haces ciertas preguntas, y la llegada del bebé, te pone de rodillas y te obliga a darle la espalda al ego, para volver a lo esencial y plantearte ciertos aspectos de tu vida que habías dado por descontados.

Por ejemplo, ¿te has planteado si amas lo que haces o simplemente crees que es lo correcto porque te proporciona una estabilidad?, ¿eres feliz en tu trabajo y con la vida que llevas o sientes que necesitas un cambio?

Estas y muchas más, son las preguntas a las que te enfrentas si te miras sinceramente al espejo, cuando te ves sola en casa, mientras todos están ocupados en sus trabajos, y tú te encargas de tu hijo preguntándote si el mundo estará notando tu ausencia.

Esta sensación de vacío que se suele experimentar, en realidad es un indicador de que cuando te alejas de aquello que haces, pierdes tu identidad.

Pero la verdad es que, si sabes aprovechar bien la ocasión, puedes construir una nueva identidad, basada en tu verdadera naturaleza, y no en lo que el mundo se espera de ti.

Este es el regalo más grande que un hijo hace a una madre:

TE DA LA OPORTUNIDAD DE VOLVER A EMPEZAR

No importa cuántos errores hayas cometido en el pasado, o cuántas veces te dijeran que no valías para algo, **él te hace volver a creer en ti**, porque cuando le miras a los ojos, sientes que debes mejorar por su bienestar, para poder ofrecerle tu mejor versión.

Así que cuando la tristeza o la melancolía se apoderen de ti, no te preocupes, abrázalas, porque es una fase que tienes que atravesar, tienes que vivir el luto de la persona que eras, porque ya nunca volverás a ser la misma.

No quiere decir que no tendrás libertad o espacio para ti, pero desde luego que no afrontarás la vida de la misma manera que antes, porque ahora llevas dos corazones dentro del tuyo, y todo lo que hagas va a influir directamente sobre tu hijo.

Pero no te sumerjas en ese estado de malestar por mucho tiempo, reacciona, sal a la calle, busca dis-

tracciones. Prepara al bebé en el carrito y salid a dar un paseo por la mañana, os hará bien a los dos. No importa que sea invierno, puedes taparlo bien y no le pasará nada.

Estar entre cuatro paredes encerrada todo el día no te hace ningún bien. Caminar oxigena las células, mueve la sangre de todo el cuerpo y despeja la mente de pensamientos negativos. ¡Son todo beneficios! Además te ayudará a bajar poco a poco esos kilos acumulados en el embarazo.

Si tienes la posibilidad, ves a algún parque donde haya vegetación y puedas relajarte en medio a ese panorama. Estar en contacto con la naturaleza, te ayuda a sintonizar contigo misma.

Poco a poco, **irás viendo, que en ese diálogo interno que se va instaurando, vas encontrando respuesta a muchas preguntas** que hace tiempo que no te planteabas, porque estabas demasiado ocupada en tu ajetreada vida.

Analiza bien todo lo que vaya surgiendo, porque **procede de tu verdadera esencia, esa que tu hijo te ha ayudado a rescatar**.

Puede que de repente quieras volver a hacer algo que hace mucho que no hacías, encontrar a una persona que hace tiempo que no ves o visitar un lugar que te hace sentir bien.

Sigue ese instinto, porque contiene la llave de tu bienestar, y por tanto de tu hijo también.

No te limites a taponar tu angustia con compras compulsivas, televisión o comida. Aprovecha esta etapa de tu vida para volver a ser niña también y rescatar esos sueños que te hacían tan feliz. Piensa que eres el espejo en el que tu hijo se va a mirar durante muchos años, así que plantéate:

¿Qué reflejo quiero que vea?

Si vuelves a entusiasmarte por la vida, él también lo hará.

Si te enamoras de lo que haces, él un día podrá hacerlo también.

Si te amas y te respetas, tu hijo se amará a sí mismo.

Si vives con ilusión y esperanza, tendrá un motivo para sonreir cada día.

En definitiva, **tienes que recuperar el control de tu vida para saber hacia dónde te quieres dirigir**, y aunque a priori no lo parezca, el postparto es una ocasión maravillosa para hacerlo, porque es la única temporada en la vida en la que te encuentras totalmente ajena a las dinámicas del mundo y tienes la oportunidad de entrar en sintonía con tu bebé y al mismo tiempo con tu niña interior.

Me hubiera gustado que alguien me diera estos consejos cuando me encontraba en esa fase de mi vida, pero esto es algo que no te enseñan en el colegio, en la universidad, ni por supuesto la sociedad menciona. Es un tema que muy a menudo ni se trata, por pudor, miedo o incluso vergüenza.

El entorno, se limita a dar consejos sobre los cuidados del recién nacido, la mayoría de la gente habla de temas superficiales como la ropa, los regalos, los controles periódicos... que por supuesto son cosas relevantes, pero ¿qué hay del estado interno de la madre?. ¿Nadie se plantea que si hay algo no resuelto en su interior va a transmitirlo directamente al bebé creando un impacto en su desarrollo?

El niño y la madre pueden sobrevivir perfectamente sin toda esa ropa nueva y utensilios para la primera infancia, pero no pueden prescindir de la seguridad y la paz que proceden de un corazón feliz.

Así que deja de centrarte en lo externo y en si te falta la bolsa de paseo a juego con las sábanas del carrito, o el último modelo de cámara de vigilancia para controlar en todo momento como duerme el bebé.

La sociedad de consumo ha creado un molde de fanáticos de todo lo relacionado con la puericultura y nos venden una infinidad de objetos que en realidad no sirven, pero como todo el mundo habla de lo mismo, acabas centrando la atención en eso, en lo externo, y **te olvidas de lo más importante, de lo esencial: de cómo estas por dentro.**

Hay que volver al origen, y no dejarse llevar por la influencia exterior.

Lo sé, es complicado, porque desgraciadamente vivimos en un mundo en el que lo que cuenta es la imagen, pero si eres capaz de superar esa barrera mental e ir más allá, te darás cuenta de que esta fase, es lo más maravilloso que te ha podido ocurrir en tu vida.

Deseo de corazón que la disfrutes con todo tu ser, viviéndola desde la serenidad de tu alma, y no te dejes influenciar por nadie.

Lo que de verdad necesitas es amarte y aceptarte como eres, no que te llenen la casa de regalos y que todo el mundo venga a darte consejos sobre lo que debes o no debes hacer.

Ámate y haz aquello que te haga sentir bien, sin preocuparte por el qué dirán. Si necesitas salir y quedar con tus amigas para desconectar, hazlo.

Si te hace falta pasar una velada a solas con tu pareja, no lo dudes y concederos ese capricho.

Es muy importante seguir cuidando vuestra relación, aunque se haya vuelto complicado, no tenéis que dar por descontada vuestra unión, sino que la debéis preservar siempre.

Y por lo que más quieras no seas dura contigo misma. **Valórate porque eres más fuerte de lo que imaginas**, porque lo que estás haciendo es lo más noble que una mujer puede hacer en la vida: **donar lo mejor de sí misma a su pequeño milagro.**

Vive intensamente cada día junto a tu bebé, porque los primeros meses pasan muy rápido, y en un abrir y cerrar de ojos, verás a tu hijo dando los primeros pasos.

Abrázalo, bésalo, cántale, inhala su dulce olor. No temas malcriarlo, todo el amor que le des, es alimento para su alma.

Si contigo aprende que el mundo es un lugar amable y bondadoso, se abrirá con confianza a descubrirlo en las fases sucesivas de su desarrollo.

Por eso, no escatimes en cariño y en tiempo, no te preocupes si todavía quedan platos por lavar, quédate un ratito más junto a tu bebé y observa cómo se rie en sueños.

Nunca olvides el privilegio que la vida te ha concedido al donarte esa maravillosa criatura, y hónrala siendo la mejor versión que ha existido y existirá de ti misma.

Eres la luz que iluminará los días de tu hijo, no dejes nunca de brillar...

LAS AGUAS VUELVEN A SU CAUCE

"Casi sin darte cuenta, las cosas volverán a la normalidad y mirarás hacia atrás con nostalgia porque tu bebé ya habrá crecido"

Teresa Vitaller Gonzalo

Desde el nacimiento hasta aproximadamente los cinco meses, el bebé se encuentra sumergido en un estado de simbiosis con la madre. En esta fase, el niño necesita una serie de cuidados primarios basados en la atención y en el amor de sus padres.

Cada contacto, debe representar una ocasión para reforzar el vínculo existente, ya sea la hora del baño, el cambio de pañal o simplemente vestirlo. Es necesario que el bebé sienta que esas tareas vienen realizadas con afecto sincero, porque es en esta fase cuando se empieza a formar una idea de su propio cuerpo y estas demostraciones le ayudan a entender que es bien aceptado y querido, lo cual le permitirá desarrollar su personalidad de forma segura.

Esta simbiosis saludable, por tanto, prepara el camino hacia la fase de separación- individualización sucesiva, en la cual el bebé asume que es un ser humano independiente de sus padres y empieza a mostrar interés por explorar el ambiente.

La función central de la madre para el desarrollo del niño, es innegable, pero tampoco debemos olvidar, que el padre también cumple un papel fundamental, tanto como apoyo a su pareja, como para que el niño aprenda a socializar con personas que son ajenas a su madre.

En cuanto a la pareja, en esta **debe existir un equilibrio y armonía**, tanto entre vosotros, como con el bebé. La relación con el niño debe ser de amor y atención, sin demasiado apego y posesividad, porque hasta el amor en exceso es malo.

El amor propio e independiente de la pareja es imprescindible, para que el niño no pase a ser el único objeto de interés, pues si se llegase a convertir en el principal lazo de afectividad que existe en vuestra relación, ante el mínimo problema relacionado con el bebé, podríais entrar en un estado de agresividad e incomprensión.

Tras esta primera fase en la que la madre y el bebé pasan por una fascinante transformación, parece que se vuelve a recuperar gradualmente un equilibrio en la familia.

Las hormonas de la mamá se estabilizan, el bebé ha regulado sus patrones de comida y sueño, y cada vez pasa más tiempo despierto.

Comienza a ser una fase muy gratificante, porque el pequeño empieza a sonreir intencionadamente, a jugar con los padres y a interactuar con el resto del mundo.

Empieza a salir de ese estado de simbiosis en el que se encontraba sumergido y se comienza a crear un verdadero apego con la figura paterna, que para el bebé supone la representación del mundo externo a la madre.

A partir de los seis meses de vida, se producen una serie de cambios asombrosos en la vida del bebé. Cada día hacen progresos increíbles, y es una fase en la que disfrutaréis muchísimo, porque empieza a socializar y a comunicar sus necesidades, no solo a través del llanto, como ocurre en los primeros meses, sino mediante gestos, sonrisas y balbuceo.

Suelen comenzar a comer otros alimentos y a reducir las tomas de leche, y el juego pasa a ser su principal objetivo.

Empieza a desarrollar la motricidad fina, siendo capaz de dirigir sus movimientos manuales intencionadamente.

Se mantienen erguidos en posición sentada y alrededor de los 8 meses comienzan a gatear. En esta etapa son verdaderos muñecos y dan ganas de comérselos a besos. Aprovecha todo lo que puedas porque en un abrir y cerrar de ojos habrá crecido.

A partir de los doce meses, generalmente suelen comenzar a dar los primeros pasitos, aunque esto es bastante relativo, hay niños que caminan a los 10 meses y otros a los 15 o 16.

Es una fase en la que hay prestar suma atención, ya que todo lo que hay a su alrededor puede suponer un peligro, pero al mismo tiempo supone una liberación para la madre, porque el bebé comienza a alejarse lentamente de ese vínculo físico que lo tenía unido a ella desde el nacimiento.

Los bebés van adquiriendo fuerza y estabilidad, y se empiezan a interesar por todo aquello que tienen a su alrededor.

Es normal que te preocupes por su bienestar físico, ya que posiblemente se caiga a menudo y pueda hacerse daño, pero esto no debe suponer una barrera para dejarle conocer el entorno de manera libre, ya que es una exigencia vital del bebé, que necesita comprender lo que ocurre a su alrededor.

Y esto solamente puede hacerlo a través de la **exploración por sí mismo del ambiente** y la manipulación de los objetos que tiene alrededor, de manera que se formen las conexiones neuronales necesarias en su cerebro, que den un significado a esa experiencia.

Los niños aprenden a través de la observación y la reproducción, por eso a partir de esta fase comienzan a imitar a los padres, porque quieren comprobar el sentido de aquello que hacen sus papás.

A partir de este momento, el bebé se vuelve más independiente, y muestra cada vez un mayor interés por descubrir el mundo.

Tu misión es acompañarle en esta etapa de su crecimiento, siendo el supervisor de sus acciones, pero sin limitarle o impedirle llevar a cabo experiencias que puedan ser beneficiosas para su desarrollo cognitivo e intelectual.

Tienes que esforzarte cada momento en pensar si tus miedos tienen que ver más con tus propias experiencias pasadas o realmente con lo que supone la situación en sí para tu hijo, ya que muchas veces se tiende a trasladar un comportamiento general a la relación con los hijos, debido a traumas del pasado que llevamos con nosotros.

De todo ello hablaremos en el siguiente capítulo. Te veo enseguida...

UN MUNDO POR DESCUBRIR

"Me lo explicaron y lo olvidé. Lo ví y lo entendí. Lo hice y lo aprendí"

(Confucio)

Lo más relevante para un niño en esta fase es poder explorar el ambiente de manera autónoma y comprobar cómo funcionan las cosas por él mismo. Por eso es fundamental que te prepares mentalmente y no seas un impedimento para que tu hijo se desarrolle de manera óptima.

A partir de los dos años comienzan a desarrollar el lenguaje, aunque no se estabiliza hasta los tres, fase en la que se produce una verdadera explosión. Son capaces de estructurar frases con sentido y comienzan a enriquecer su vocabulario.

Es una fase en la que exploran incesantemente el ambiente en el que se encuentran, y por eso la casa suele estar siempre patas arriba y cada intento por recoger los juguetes es en vano.

No te preocupes, llegará un día en que la casa volverá a estar perfectamente en orden y no habrá niños correteando. Disfruta de esta magia, aunque sea agotador, porque quizás no tengas el hogar más impecable, pero sí que es el más alegre y lleno de amor.

La curiosidad de los niños, es consecuencia del desarrollo constante de su inteligencia, por ello desean conocer qué significa todo y para qué se utiliza, además del insaciable deseo de probar por sí mismos los hechos, para comenzar a desarrollar sus propios esquemas sobre lo que significa el mundo y qué cosas le gustan de él.

Literalmente no pueden estar quietos, necesitan vivir experiencias constantemente para verificar sus propias teorías, que les ayudan a hacerse una idea de sí mismos y de los demás.

Poseen una imaginación ilimitada y si te fijas, a través de la interacción con los objetos que encuentran en el ambiente, especialmente en casa, tratan de dar respuesta a las preguntas que asoman en su cerebro en desarrollo:

- ¿Qué es esto?
- ¿Para qué sirve?
- ¿Cómo puedo utilizarlo?
- ¿De qué manera puedo sacarle partido?

Cómo fomentar la autonomía sin volverse loco en el intento

Si quieres ayudar a tu hijo a que se desarrolle adecuadamente, tienes que aprender a mirar la vida desde su perspectiva, y no desde la tuya, porque son ópticas muy diferentes.

Si te quedas únicamente con tu percepción, vas a permanecer en lo superficial, en la preocupación de que se manche o se haga daño, o que desordene la casa al abrir todos los cajones.

No te centres solo en esos aspectos y trata de ir un paso más allá. Piensa en lo que se le pasa por la cabeza a tu hijo en ese momento, por encima de la reacción que pueda provocar en ti aquello que está haciendo. Hazte estas preguntas:

- ¿Qué quiere entender mi hijo haciendo esto?

- ¿Qué tipo de experiencia puedo ofrecerle si en vez de interrumpirle, simplemente le dejo continuar estando cerca y supervisionándolo?

- ¿Porqué me genera esta situación las reacciones instintivas que he tenido?

Al ponerte en su lugar, vas a entender muchas cosas.

Lo primero, que la intención del niño no es aquella de molestar o hacer la vida complicada a sus padres, sino que necesita llevar a cabo esa experiencia para obtener un aprendizaje necesario para el desarrollo de su inteligencia.

Y lo segundo, que la reacción que provoca en ti ese comportamiento de tu hijo dice más de tus límites mentales que de si es adecuado o no lo que hace. Porque es normal que un niño quiera jugar y tocar todo lo que hay a su alrededor y que la casa no pueda estar siempre limpia y recogida.

Eso no es lo importante ahora, sino que el pequeño se desarrolle de la manera correcta. Si te preocupas más de mantener el orden, que del beneficio que puede conllevar para el niño una determinada experiencia, le estás negando la oportunidad de un valioso aprendizaje para su crecimiento.

Los niños pequeños aprenden exclusivamente a través del juego y de la manipulación de todo lo que encuentran. Por eso es totalmente inútil que le expliques como se hacen algunas cosas y luego no le dejes experimentarlas, porque necesita integrar y comprobar esa información por sí mismo.

Por ejemplo, imagina que estás lavando a tu hijo y quiere probar a hacerlo él solo. Si no le dejas hacerlo, no va a aprender. Si por evitar que moje el suelo o salpique el espejo lo terminas haciendo tú, le estás negando esa experiencia tan valiosa para él, en la que no solo aprende a ser un poco más autónomo, sino que aumenta su autoestima al sentirse capaz de hacer algo por sí mismo.

Esto ocurre con todo, <u>cada iniciativa que tiene el niño, por descabellada que parezca, es un intento por demostrar a sus padres y a sí mismo, que es capaz de hacer algo</u>.

Así que esfuérzate por ayudar a tu hijo en la adquisición de confianza en sí mismo y en el entorno, porque el modelo que desarrolle en este periodo que va de los 18 a los 36 meses, lo va a trasladar a todas las fases de su vida.

Si se cohibe al niño, o de alguna manera se le limita en sus acciones, en las etapas sucesivas de la niñez va a tener dificultades en llevar a cabo según que tareas, ya que no ha adquirido la autonomía suficiente de pequeño.

Del mismo modo, si no se le da la seguridad que necesita y no se le hace sentir capaz de hacer bien las cosas, más adelante reprimirá sus capacidades por miedo a equivocarse.

Las reacciones que tienes cuando tu hijo hace algo determinado, no tienen tanto que ver con el comportamiento del niño, sino con tu capacidad para conectar con aquella vivencia infantil.

Si de pequeño no fuiste tratado de la manera que necesitabas, realmente te cuesta ver, sentir, comprender y amar incondicionalmente a tu hijo, cuando tú no recibiste aquello.

Me gusta observar las dinámicas entre familias, porque es donde más se aprende y a menudo noto que los padres se fijan más en lo que sienten ellos, que en las necesidades del niño.

No es porque no les quieran lo suficiente, porque parto de la base que todos los padres aman a sus hijos. Otra cosa distinta es que sepan transmitirlo y permitirles crecer respetando su individualidad y libertad.

En el primer libro de la trilogía, "Enséñales a volar", hablamos de las heridas del pasado, de cómo influyeron en tu vida y continuan haciéndolo de una manera u otra.

Es fundamental que te plantees estos aspectos en tu vida cotidiana, porque si prestas atención, notarás que todo aquello que viviste, está muy presente en el comportamiento que tienes con tus hijos y que si a ti te limitaron cuando eras niño, lo harás de una manera automática con tus hijos, pensando que es lo adecuado, a menos que salgas de aquella programación mental .

<u>Es necesario que hagas un trabajo de sanación y perdón diario hacia tus padres y todas las figuras que influyeron en tu crecimiento, para que puedas liberarte de aquellos modelos educativos limitantes que quedaron grabados en tu mente y en tu forma de actuar y así no los utilices con tus hijos, siendo capaz de elevarte por encima de todo eso</u> .

Poniéndote en el lugar de tu hijo y ofreciéndole la mejor experiencia para su desarrollo, no piensas tanto en lo que sientes tú, sino en lo que es mejor para él.

El concepto familiar de nuestra cultura

Debes ser consciente de que en nuestra generación y anteriores, el objetivo de la educación familiar normalmente era obtener hijos obedientes, con buen comportamiento y capacidad de adaptación.

La autoestima casi ni se mencionaba, y solamente si surgían dificultades de aprendizaje, los adultos se planteaban si la confianza del niño en sí mismo era la adecuada.

Históricamente, la familia se ha desarrollado como una estructura de poder y al interno de esta se ha creado una jerarquía cuyos valores principales eran la autoridad y el respeto de las normas a través de las imposiciones.

Se recurría a medios violentos, para hacer obedecer

al niño, y no solo me refiero a la violencia física, que también, sino a la violencia psicológica, haciendo uso de la autoridad para obligar al niño a respetar unas determinadas normas y a presentar un comportamiento deseado por parte de los adultos.

Prácticamente, era el niño el que tenía que adaptarse para no incomodar al adulto y terminaba por reprimir sus instintos naturales, negando su propia personalidad para ser aceptado. Todo esto acababa desembocando en la rebeldía de la adolescencia, que no es otra cosa que la consecuencia de la falta de comprensión y conexión emocional sufridos en la infancia.

Teniendo en cuenta el panorama del que procedemos la mayoría de nosotros, resulta comprensible imaginar porqué te cuesta tanto reaccionar bien ante ciertos comportamientos del niño.

Tu subconsciente tiene grabado ese modelo en el que el adulto impone la autoridad para hacer respetar al niño las normas establecidas, y cuando tu hijo no se comporta como a ti te gustaría, acaba por molestarte y determinas que definitivamente ese no es el comportamiento adecuado.

Bien, debes saber querido lector, que detrás del comportamiento del niño, hay siempre un motivo. Los niños no hacen lo que hacen por casualidad o porque les apetezca, sino porque se sienten de una determinada manera y necesitan ser comprendidos.

<u>Un niño con necesidades de atención y cariño no satisfechas, se siente mal y por tanto, se comporta mal, para hacer entender a sus padres su malestar.</u> Cuando son pequeños, es decir hasta los tres años, no sa-

ben expresar muy bien con palabras la causa de su malestar por lo que suelen tener rabietas.

Estas son las típicas situaciones en las que es fácil perder la paciencia y terminar diciendo o haciendo algo de lo que te puedas arrepentir.

Es como si estuvieras reviviendo aquella escena de tu infancia, en la que el niño eras tú, y en tu cabeza resuenan esas palabras que te dijeron en su día y de una manera irracional terminas diciéndolas a tu hijo, aunque en el fondo no es lo que quieres para él.

Todos los tipos de violencia como los castigos, los gritos, la violencia física... son atentados contra la integridad del niño. No se le permite expresarse como es y desde luego, no se intenta comprender cuáles son sus necesidades reales.

Cuando un padre adopta esta posición autoritaria, porque el niño ha hecho algo que no debía según él, le está quitando a su hijo la libertad de ser él mismo, porque los niños no hacen las cosas con mala intención, sino para manifestar una emoción que no saben expresar de otra manera, o bien para realizar algún tipo de descubrimiento.

Tu trabajo, por tanto, es esforzarte por mantener el control consciente en cada situación, y no dejarte llevar por esa programación mental que trata de dominarte.

Cuando te des cuenta de que estás siendo transportado en tus acciones por ese modelo dominante, debes reaccionar inmediatamente y dirigir tu atención hacia tu verdadero objetivo, que es proporcionar a tu hijo una infancia feliz, respetando sus necesidades evolutivas.

> **Cuando consigues cambiar el foco de atención y dejas de pensar en lo que sientes tú y te preocupas por lo que más conviene a tu hijo en cada momento, estás educando de manera consciente y madura, y te has liberado de las cadenas del pasado que te tenían vinculado a un estilo educativo limitante.**

Querido lector, acabamos de terminar la primera parte del libro, y antes de comenzar la segunda, en la que haremos un recorrido por la fase que va de los 3 a los 6 años del niño, me gustaría hacer un repaso de todo lo expuesto hasta ahora para que tengas una mayor claridad:

- **Disfruta plenamente de la llegada del bebé** y comunica sinceramente a tus familiares y amigos que deseáis vivir el momento en intimidad y cuando os hayáis asentado podréis recibir visitas y presentarles al recién llegado.

- **No te juzgues a ti misma** si por el motivo que sea no puedes dar el pecho a tu hijo. No dejes que las opiniones de los demás te hagan sentir mal, piensa que lo más importante para tu hijo es que le transmitas tu bienestar.

- **Organizaros bien** en la fase inicial, haceros ayudar de vuestros padres para que no os falte nunca comida y todo lo necesario.

- **Papás, ayudad a vuestras mujeres en todo lo que podáis** y no les hagáis pesar la falta de atención que estáis experimentando. Sed responsables y poneros en segundo plano momentáneamente.

- **Antes de lo que te imaginas, todo volverá a la normalidad**, el bebé ya no será un recién nacido, las hormonas se habrán estabilizado y la pareja recuperará su equilibrio, si os proponéis que así sea.

- **Es necesario mantener el equilibrio en la pareja** y no concentrar únicamente toda la atención en el bebé.

- **Fomenta la autonomía de tu hijo** permitiéndole experimentar y descubrir el mundo en base a su curiosidad.

- **Sana las heridas de tu infancia** que todavía están abiertas para poder ofrecer a tu hijo la mejor experiencia para su desarrollo.

- **Cambia el enfoque** y preocúpate más por lo que siente tu hijo que por la reacción que causa en ti su comportamiento.

En la segunda parte del libro te voy a hablar de temas tan relevantes como la adquisición de autonomía, el comportamiento del niño, la necesidad de recibir la atención adecuada y la importancia del juego como instrumento de aprendizaje. Te espero en el siguiente capítulo...

PARTE 2: LLEGÓ LA REVOLUCIÓN
3-6 años.

¡HE DICHO QUE NO!

"Solo la propia y personal experiencia hace al hombre sabio"

(Sigmound Freud)

Alrededor de los 3 años, se produce la primera crisis en la vida del niño, que suele sacar a los padres de sus casillas. Esta etapa se caracteriza por importantes cambios que se suceden rápidamente uno tras otro. El hecho más característico es que el niño presenta una continua actitud de oposición a todo lo que le dicen los padres. La pregunta es:

> ¿Porqué se está comportando de esta manera mi hijo?

Bien, la respuesta es que en el cerebro del niño se están produciendo una serie de cambios asombrosos y ahora es capaz de planificar, pensar y decidir lo que quiere hacer con anterioridad.

El niño se rebela con sus padres porque se da cuenta de que es capaz de decidir por sí mismo, y por tanto al descubrir su propio "yo", quiere ejercer su voluntad, sin que nadie le dé órdenes.

Este rechazo del niño ante todo lo que le dices, no está dirigido contra ti "a título personal", sino que es una manera de decir: "no lo hago porque me lo decís vosotros, ¡lo hago porque quiero yo!"

Este proceso de diferenciación es fundamental para que crezca en autonomía y siendo consciente de su propia individualidad y capacidad de tomar decisiones propias.

Pero atención, hay que estar atento a no cometer los <u>errores habituales</u> en los que se suele caer, porque pueden provocar la persistencia de esa terquedad en etapas sucesivas del desarrollo:

- No poner límites al niño, justificando que son cosas de la edad, o por el contrario limitarles en todo.

- Usar los castigos o imposiciones para hacerle obedecer.

- No actuar con coherencia entre los mismos padres, tomando a veces una actitud permisiva y a veces otra autoritaria.

En vez de eso, lo más adecuado es mantener una posición equilibrada, en la cual no se le consiente todo al niño, pero tampoco se le cortan las alas, impidiéndole desarrollar su creatividad.

Para ello es necesario aplicar un estilo educativo basado en el respeto, la tolerancia, la paciencia...Los niños necesitan buenos modelos en sus padres, ya que son los espejos en los que se reflejan.

Por lo tanto no tiene mucho sentido utilizar los castigos, las humillaciones y la autoridad, y luego pretender que el niño se comporte con valores positivos.

Ellos son ni más ni menos el reflejo de lo que ven en casa.

En esta etapa, además se produce un auge espectacular del lenguaje del niño. Son capaces de relatar sus experiencias, aunque todavía no dominan las relaciones de tiempo, y a veces les cuesta distinguir entre el pasado, el presente y el futuro.

Suelen adquirir una gran autonomía en esta fase, y si son fomentados por los padres, serán capaces de realizar tareas sencillas, como vestirse, ponerse los zapatos o lavarse los dientes.

Su interés por probar a hacer las cosas ellos solos, no debe ser frenado por el adulto, ya que se le estaría negando una oportunidad para explorar y volverse más autónomo.

6

¡MIRA LO QUE SÉ HACER!

"El mejor regalo que puedes hacerle a tu hijo es ofrecerle tu más sincera atención, porque él en cada pequeño acto, te entrega todo su ser".

Teresa Vitaller Gonzalo

A partir de los cuatro años, se empiezan a producir importantes cambios en el pensamiento del niño. Es capaz de construir relaciones de causa-efecto, que indican un nivel de análisis muy superior al de la fase anterior.

Es una fase en la que <u>el niño quiere saberlo todo y constantemente pregunta el porqué de las cosas</u>. Esto se debe a la mayor capacidad comprensiva y deductiva respecto a las etapas anteriores, que le lleva a hacerse una idea de sí mismo y del funcionamiento del mundo más completa.

Para los padres supone todo un reto, ya que el niño comienza a hacer una serie de preguntas, para las cuales a veces no estás preparado en dar una respuesta adecuada. Sobre esto te ayudaré más adelante.

Pero lo importante para el pequeño, es sentirse escuchado y comprendido por parte del adulto.

En mi experiencia como madre, he aprendido que <u>cuenta más el tiempo de calidad que puedas dedicarle a tus hijos, que la cantidad de tiempo que transcurras junto a ellos.</u>

Y esto quiere decir **estar presente y prestarles la atención necesaria,** porque para los niños lo que cuenta, no es que estés todo el día con ellos, si luego no tienes la energía y las ganas de involucrarte, sino que cuando te hablan y te muestran lo que hacen, te concentres y les dediques tu atención más exclusiva.

De esta manera **se sienten importantes y se fomenta su autoestima,** porque entienden que lo que tienen que decir interesa a sus padres, y por tanto aprenden a respetar sus propias ideas. Un niño al que no se le escucha, al que se le corrige constantemente y no se le permite ser él mismo, presentará numerosos problemas de adaptación y falta de seguridad en sí mismo.

Por otro lado, en esta etapa el pequeño **comienza a desarrollar sus habilidades sociales y ya domina el lenguaje**, con lo cual es capaz de describir detalladamente situaciones que ha vivido y expresar sus sentimientos.

Además es capaz de distinguir perfectamente las relaciones de espacio-tiempo, así que recuerda muy bien hechos de hace meses, o incluso es capaz de pensar en situaciones hipotéticas del futuro.

Todas estas habilidades, hacen del niño un ser mucho más social que en las fases anteriores, ya que este increíble desarrollo de su personalidad, le hace salir gradualmente del egoísmo puro que caracterizaba la etapa anterior, y **es capaz de comprender los sentimientos de los demás.**

No obstante, todavía presenta dificultades para ser totalmente empático, ya que estas cualidades se siguen perfeccionando hasta los seis años.

Es una buena fase para **comenzar a trabajar la gestión emocional,** porque ya posee la capacidad cognitiva suficiente como para darse cuenta de sus sentimientos.

Puedes ayudarle a dar un sentido a sus experiencias, aprovechando la fluidez comunicativa que presenta, explicándole el significado de cada una de sus emociones a través de la narración de fábulas relacionadas o la lectura de libros apropiados a su edad.

Asímismo **es capaz de entender cuando se equivoca**, lo cual supone una ocasión perfecta para empezar a enseñarle el valor de la humildad. Es muy importante que lo aprenda con el ejemplo que recibe en casa, y no con las indicaciones verbales u órdenes sobre como comportarse bien.

Si el niño, por ejemplo, percibe que sus padres son muy orgullosos y no aceptan nunca que se han equivocado, ten por seguro que va a copiar este comportamiento porque para él lo más importante es parecerse a sus padres y seguir su modelo.

Para ellos y su forma de pensar, esto es lo correcto. Y si lo piensas, es lo más lógico. No puedes pedir a alguien, y menos a tu hijo, que se comporte de una determinada manera cuando tú haces justo lo contrario, ¿no te parece?

El comportamiento del niño

A menudo, muchos padres se lamentan del comportamiento de sus hijos, y yo me pregunto:

- ¿Cómo os comportáis en casa con él?
- ¿Qué tipo de ambiente encuentra el niño cuando vuelve del colegio?
- ¿Se siente comprendido y respetado?
- ¿Vive sometido a un modelo autoritario en el cual no se tienen en cuenta sus necesidades?
- Por el contrario, ¿se le permite hacer cualquier cosa con tal de que no moleste?.
- ¿Sus padres se llevan bien?
- ¿O presencia discusiones y escenas no indicadas para un niño de su edad?

Antes de atribuir el comportamiento del niño a la genética, al colegio o a los compañeros, cada padre debería hacerse esta pregunta y responderla desde la más absoluta sinceridad:

> ¿Cómo estoy contribuyendo actualmente a que el comportamiento de mi hijo sea de esta manera?

Porque, como bien sabes querido lector, solo haciéndote las preguntas adecuadas, serás capaz de encontrar la solución.

En caso contrario estarías solo engañándote a ti mismo, y lo peor de todo, negando a tu hijo la posibilidad de crecer recibiendo un modelo educativo adecuado.

En realidad, los niños son más respetuosos y colaborativos de lo que imaginamos. Solo que la perspectiva desde la que observamos el mundo es algo diferente, y a veces no les comprendemos, precisamente porque miramos el mundo como adultos.

Déjame explicarte mejor este concepto con un ejemplo:

Supongamos que una familia con dos niños de cuatro y seis años, se encuentra en un restaurante y acaban de terminar de comer. Los padres se disponen a iniciar la sobremesa con el café y surge una conversación muy entretenida entre ellos.

Los pequeños, después de unos minutos se levantan y se ponen a dar vueltas alrededor de las mesas vacías de la sala. Es decir, se inventan un juego para entretenerse, mientras sus padres están inmersos en su charla, de la cual han sido excluídos de una manera sutil.

No obstante este noble gesto por parte de los niños, que se ponen en el lugar de los padres y los dejan hablar un rato a solas, ¿qué sucede en la mayoría de los casos?

Bien, los padres les llaman la atención en varias ocasiones, mientras siguen con su discusión sin pensar en si los niños tal vez se aburran y tengan la necesidad de salir a jugar a la calle.

Obviamente no obtienen resultados, ya que los pequeños siguen con su juego, hasta que al final uno de los dos padres explota y acaba sentenciando: "¡Se acabó! ¡Nos vamos a casa, y es la última vez que salimos a comer los cuatro a un restaurante! "

En esta situación, el niño se queda completamente desolado, por eso es frecuente que se presenten rabietas o simplemente que el niño se enfade y se encierre en sí mismo, porque en su mente él no ha hecho nada malo, es más, ha colaborado con sus padres, para que pudieran continuar su conversación tranquilamente.

En este ejemplo, me gustaría destacar **dos argumentos** que te interesan para mejorar la relación con tus hijos:

El primero es que no puedes pretender que un niño esté quieto en una silla sin hacer nada.

Algo así es inconcebible desde un punto de vista motorio y pedagógico, y esa creencia procede de una cultura autoritaria y oprimente de otros tiempos, la cual establecía que los niños educados y buenos debían permanecer sentados sin molestar a los padres, mientras toda la familia terminaba de comer o incluso si se iba a casa de alguien.

Estoy de acuerdo en que gradualmente deben aprender a estar cada vez más tiempo en la mesa, especialmente en el hogar, pero entiende que si estáis en un restaurante, en el que como media se permanece de una hora y media a dos horas, no puedes pedirle a tu hijo que esté sentado todo el tiempo sin molestar a los demás.

Sencillamente es imposible, el niño necesita moverse y utilizar su imaginación para aprovechar el tiempo. De lo contrario, le estás condenando a reprimir su instinto natural de explorar y jugar.

El segundo aspecto es que de una manera inconsciente, los padres tienden a adoptar una posición autoritaria en estos casos, en los cuales no existe una relación de igualdad.

Es decir, se parte de la idea de que los padres al estar en una posición de poder, pueden transcurrir su tiempo libre como mejor les parezca, oséa relajándose mientras toman un café y charlan con su pareja.

Pero en este caso, no se tiene en cuenta la dignidad del niño, porque de la misma manera que sus padres, los niños tienen todo el derecho a transcurrir su tiempo haciendo aquello que les parece mejor, que es inventarse un juego para entretenerse y así no molestar a sus padres.

La primera creencia que DEBES adoptar para ser el padre o la madre que tus hijos se merecen, es que **ellos tienen los mismos derechos que tú, no más, pero tampoco menos**.

El secreto de las familias que son un modelo de comportamiento para los demás es este:

> **SABEN CONSTRUIR LA RELACIÓN AFECTIVA SOBRE LA BASE DE LA IGUALDAD DE DERECHOS**

Es decir, respetar la integridad y la dignidad del niño, y no superponer nuestros derechos a los suyos, con la justificación de que estamos estresados, cansados o saturados.

Entiende de una vez que los niños son niños y como tales corren, gritan, se enfadan, discuten, cogen rabietas, se oponen a los padres y te desafían con su comportamiento.

Por tanto es inútil malgastar estos maravillosos años que nunca volverán en castigarles, gritarles, o estresarte porque se portan muy mal.

Asume que todo esto es normal y es una fase de la vida. Es una parte de vuestro viaje y no te la puedes saltar. Pero debes saber que si antepones tus necesidades a las suyas, habrá una serie de consecuencias en el futuro, así como si les permites todo y no les pones ningún tipo de límite.

Quiero enumerarte una serie de cuestiones relacionadas con el fenómeno de imitación directa o inversa y las repercusiones que tienen en la vida de los niños:

- Si a los niños se les critica a menudo, se volverán críticos con los demás y consigo mismos.

- Si crecen en ambientes donde hay violencia, serán violentos, o incluso autodestructivos.

- Si se desarrollan en ambientes con falta de comunicación, se vuelven extremadamente introvertidos, o por el contrario exageradamente locuaces.

- Si crecen en un entorno autoritario, entienden que no poseen libertad personal, y no tendrán el valor de tomar decisiones en su vida adulta.

- Si no reciben amor en su infancia, no se amarán ni valorarán a sí mismos, y acabarán buscando ese afecto en relaciones de dependencia.

Todo lo que ocurra en la familia, tendrá una repercusión u otra en la vida del niño, que tarde o temprano se convertirá en adolescente y después en adulto.

A veces a los padres se nos olvida que en realidad los hijos los tenemos en préstamo durante un periodo de tiempo limitado y por tanto lo que hagas y les transmitas durante ese intervalo debe ser realmente bueno, si quieres que tengan una existencia maravillosa.

Prestar atención al niño

Volviendo al argumento inicial del capítulo y antes de terminarlo, te repito la importancia de **hacer saber a tu hijo que le estás prestando atención**. <u>El niño necesita ser observado, apoyado, comprendido, para entender que realmente es capaz de hacer las cosas por sí mismo, y que le importa a alguien</u>.

No te olvides nunca de esto, porque es fundamental. Te puedo asegurar que es la causa principal de mal comportamiento en los niños de esta edad.

> **Expresar el amor a tu hijo es decisivo para el desarrollo de su autoestima.**

"Educar la mente sin educar el corazón, no es educar en absoluto"

(Aristóteles)

Esto es complicado si de pequeño tus padres no te decían a menudo que te querían, pero con el trabajo que hiciste en los dos tomos anteriores, estoy segura de que serás capaz de desidentificarte de todo aquello y ser una mejor persona para tus hijos.

Vuelve a repetir los ejercicios que te indiqué para cambiar tus creencias limitantes siempre que sea necesario.

Cada vez que sientas que no eres capaz de mostrar tu mejor versión a tus hijos, repítete con convicción todas las cualidades buenas que posees y lo mucho que te amas. De manera que puedas darles y sobre todo transmitirles todo el amor que sientes por ellos.

A veces me encuentro con padres que tienen creencias obsoletas y piensan todavía a estas alturas, que demostrar el afecto a sus hijos sea de débiles. Me gustaría hacer una pregunta a estas personas:

> ¿De qué sirve el amor que sientes por tu hijo, si no se lo demuestras y él se da cuenta de que es amado y respetado por ti?

No hay que caer en el error de que los niños saben que sus padres les aman, porque hacen muchos sacrificios por la familia y su bienestar. **Los niños saben lo que perciben. Punto.** No tienen la capacidad de entender que su padre no le da muestras de cariño porque él tampoco las recibió cuando era pequeño.

Y la verdad es que van a crecer con ese vacío en su interior, porque **los niños necesitan ser amados. Ser amados y respetados.**

Cuando sean mayores seguramente comprendan muchas cosas y no les guarden reencor a sus padres, pero el daño ya estará hecho y dependiendo de la personalidad del niño, puede que sea irreversible. Se le habrá privado de la oportunidad de crecer confiando en sus capacidades y amándose y aceptándose a sí mismo.

Así que presta atención a tu hijo, dedícale unos minutos exclusivos para que te enseñe aquello que ha aprendido a hacer tan bien, o para que te cuente lo que está pensando.

Deja por un momento lo que sea que estés haciendo, por importante que sea y céntrate solo en tu hijo.

A veces pensamos que lo que estamos haciendo o pensando nosotros sea más importante de lo que están haciendo o pensando nuestros hijos, y este es otro claro ejemplo de no basar la relación sobre la igualdad de derechos.

Lo que hace o piensa tu hijo en cada momento es lo más importante que ha hecho o ha pensado en su vida, así que se merece que le dediques toda tu atención, y no pienses que son cosas de niños o que no tienes el tiempo necesario.

Cambia el enfoque de vuestra relación y piensa que **el verdadero amor no es ir por delante o detrás, sino caminar juntos.** Si sigues pensando que tus problemas o necesidades son más importantes o urgentes que las de tu hijo, porque es "solo un niño", no estás construyendo vuestra relación sobre el respeto y la igualdad, y en su vida adulta traspasará este modelo a sus relaciones de una manera u otra.

Por tanto, **lo más importante es respetar la integridad del niño**, y no solo eso, sino no usar las ocasiones en las que te solicita atención para corregirlo o dirigirlo hacia otros comportamientos, sino hacerle entender:

"**Cariño estoy aquí, te estoy viendo y me importas**".

Ni siquiera necesita que le digas siempre lo bien que sabe hacer algo, sino saber que lo estás considerando en ese momento.

Puede que haya quien esté decepcionado porque pensaba que en este libro iba a encontrar una serie de trucos infalibles para controlar mejor a sus hijos.

No existen fórmulas secretas querido amigo, no tengo una varita mágica ni tampoco superpoderes. Lo que tengo es un gran sentido común y una sensibilidad especial con los niños, porque sé que es necesario ponerse en el lugar del más pequeño para defender sus derechos.

Por lo tanto, debes entender que no hay un método mejor que otro, sino una manera de pensar mejor, que es la de **partir de la base de que tus hijos tienen exactamente los mismos derechos que tú.** De esa manera, podréis construir una relación basada en el respeto y confianza mutuos.

La gran verdad es que tus hijos ponen en evidencia aquellos aspectos de tu carácter que debes mejorar, y por eso a veces te llevan al límite, precisamente porque solo de esa manera puedes superarlos y convertirte en una persona mejor.

Por ejemplo, si eres una persona muy impaciente, ten por seguro que te van a sacar de tus casillas, pero eso no denota que ellos tengan un comportamiento inadecuado, sino que tú debes desarrollar la paciencia como habilidad para vivir mejor.

Asímismo, si eres un fanático del orden y la limpieza, con ellos vas a tener que acostumbrarte a ser más tolerante y saber aceptar que la casa no esté en perfectas condiciones.

En definitiva, **los hijos te ayudan a superar aquellos límites que crees que te definen, pero que en realidad te vinculan a una identidad que no es lo que**

eres en realidad. Te permiten liberarte de todo lo superficial para ir a lo esencial, a lo importante. Te enseñan a amar a alguien sin preocuparte tanto de ti mismo. En realidad, este es el trabajo más importante de un padre y una madre:

> **PONER LAS NECESIDADES DE TU HIJO AL MISMO NIVEL QUE LAS TUYAS.**

Cuando entiendas y apliques realmente este principio, te vas a dar cuenta de cómo mejora vuestra relación.

<u>Atención, no he dicho que tengas que anteponer sus necesidades a las tuyas, error en el que caen algunos padres creyendo que de esa manera les dan lo mejor a sus hijos. NO</u>.

No es justo ni para ti, ni para ellos. No puedes, ni debes sacrificarte hasta el punto de pasar en segundo plano y anularte como persona, y tampoco es educativo que tu hijo crezca viendo que su padre o su madre renuncian a su propia vida para dedicarse a él.

En primer lugar, porque de esa manera le estás pasando una carga enorme, y un día podría sentirse incluso culpable por haberte negado con su existencia la posibilidad de vivir de otra forma, y segundo, porque lo más probable es que asuma ese modelo en su vida y se limite también en las relaciones con sus hijos creyendo que es lo correcto.

Rompe de una vez con ese esquema limitante e instaura una relación saludable basada en la igualdad y el respeto de la integridad del otro y de ti mismo.

No te vayas, tengo algo importante que contarte en el siguiente capítulo...

MAMÁ, PAPÁ, ¿POR QUÉ?

"La curiosidad vence al miedo más fácilmente que el valor"

(James Stephens)

Aunque cada niño lleva su propio ritmo en el desarrollo, por lo general en la fase que va de los 5 a los 6 años, el pequeño presenta un gran progreso en su desarrollo cognitivo, motriz y comunicativo.

Su vocabulario se amplía enormemente y son capaces de dominar unas 2.500 palabras. Son capaces de decir su nombre completo y recordar su dirección.

En su forma de hablar se van pareciendo cada vez más a los adultos, combinando palabras y estructuras más complejas que en las fases anteriores, por lo que se afianza mucho la relación de complicidad entre padres e hijos si se establecen las bases adecuadas para la comunicación.

Las temidas preguntas

Es una etapa en la que en **el niño**, en su afán por conocer, **hace preguntas constantemente**, y se espera una respuesta clara y concreta por parte del adulto.

Tienes que estar preparado para tratar de ofrecerle una explicación real y sencilla, porque en base a la respuesta que obtiene, realiza una serie de asociaciones mentales que le llevan a formarse una idea del mundo u otra.

Los niños necesitan referentes claros que les den las respuestas que les hacen falta, de manera que puedan construir su personalidad de manera adecuada.

Por ejemplo, **la pregunta del millón** que suelen hacer los niños en esta fase de su desarrollo: ¿De dónde vienen los bebés?, ¿cómo llega el bebé a la tripa de la mamá?

Bien, aquí hay diversas opiniones y tendencias respecto a lo que es más adecuado, y por supuesto no entro en discusión con ninguna de ellas porque cada padre tiene un criterio propio, pero si puedo darte un consejo, es que mantengas una línea coherente y sincera en todas las respuestas que proporciones a tu hijo.

Es decir, ves siempre con la verdad por delante, obviamente tratando de explicarlo de una manera adecuada y comprensible por parte del niño, pero sin inventarte nada por miedo a que tu hijo se escandalice.

Los niños tienen una capacidad de aprendizaje asombrosa y pueden entender muy bien cualquier argumento que se les explique debidamente.

Ante esta pregunta tan concreta, la respuesta más adecuada, a mi parecer debería ser lo más sincera posible:

"*Los niños crecen dentro del vientre de la mamá porque el papá deposita una semilla en su interior, a través de la unión de sus cuerpos, para expresar el amor que sienten el uno por el otro.*

Esta semilla va creciendo poco a poco dentro de la mamá y se va convirtiendo en un bebé, que cuando es lo suficientemente grande, sale al exterior, a través del nacimiento."

¿Crees que un niño de cinco años no es capaz de entender esto?

¿O temes que te pregunte cómo llega la semilla en el interior del cuerpo de la mamá?

El problema es que nos da todavía pudor hablar de sexualidad con nuestros hijos, porque en la mayoría de los casos nuestros padres no nos mencionaron nada de esto. Y terminabas por descubrir lo que era la sexualidad por fuentes externas.

Si no empiezas a quitarte los complejos mentales respecto a este tema, tarde o temprano tu hijo va a ir a buscar las respuestas al mundo exterior. Y te aseguro que lo que va a encontrar no va a ser precisamente educativo, en la mayoría de los casos se trata de pornografía y de conceptos totalmente distorsionados sobre la sexualidad y la anatomía humana.

¿Qué idea crees que se puede formar un niño sobre el acto sexual si no se le explica adecuadamente el significado real que tiene?

Sobre este tema, hablaremos de una manera mucho más detallada en la última parte del libro, porque me parece absolutamente crucial tener una buena base para el desarrollo saludable del niño.

Por el momento, me interesa que **entiendas la importancia de decir la verdad a tus hijos, siempre y en toda ocasión.** Porque de no hacerlo, no solo estás perdiendo credibilidad y por tanto su confianza, sino que además les estás dando información falsa sobre hechos concretos y a eso, normalmente se le llama mentir.

Así que a veces, para no afrontar temas que resultan delicados o incómodos, se recurre a mentir a tus propios hijos. Todo por no reconocer el límite mental que se posee en relación a un tema, y buscar la ayuda necesaria para resolverlo.

Afronta con naturalidad las preguntas que te haga tu hijo, y no le respondas con evasivas, porque el niño tiene derecho a recibir una respuesta satisfactoria. Si te pilla desprevenido e impreparado, puedes decirle que tienes que pensar bien la respuesta, y cuando la hayas encontrado, se la ofreces de manera natural.

A continuación, te doy una serie de **consejos sobre cómo afrontar las preguntas que suelen hacer los niños en esta fase**.

Se trata solamente de sugerencias desde mi punto de vista. Puedes inspirarte en ellas y obviamente adaptarlas a tus propios valores y a tu estilo educativo, lo importante es que la premisa de fondo sea siempre la sinceridad:

- **¿ Cuando una persona se muere dónde va?**

    Cuando una persona llega al final de su vida, deja de respirar, su corazón se para, y el cuerpo físico deja de funcionar. No sabemos con certeza que ocurre después de la muerte, pero sí hay muchos indicios de que el alma pasa a otro plano, así que no parece ser el final de todo, sino que en realidad se trata del regreso al lugar de donde procedemos, oséa nuestro hogar. (Esta es mi humilde opinión, claramente debes adaptar el mensaje en base a tus creencias ya sean religiosas, espirituales o del tipo que sean, lo que me interesa es que captes el sentido implícito)

- **¿Porqué a veces pasan cosas malas en el mundo?**

  Porque hay personas que tienen comportamientos negativos debido a problemas que han vivido y no han sabido resolver. Seguramente esas personas que cometen actos equivocados no tuvieron a alguien cerca que les comprendiera, les amara y les hiciera entender cómo debían actuar para ser buenas personas. Pero eso no significa que las personas sean malas por naturaleza, sino que no han tenido los modelos adecuados y se comportan de esa manera para expresar su malestar y su rabia.

- **¿Porqué hay niños que tienen dos mamás o dos papás?**

  Porque hay familias en las que los dos adultos son del mismo sexo, si así lo han elegido. Es una opción como cualquier otra siempre y cuando se amen, se respeten y vivan felices.

Tienes que respetar a todas las personas, aunque sean diferentes y vivan de manera completamente distinta a ti.

- **¿Porqué algunos compañeros viven solo con su mamá o su papá?**

    Esto ocurre cuando en una familia, los papás deciden de manera conjunta que ya no quieren vivir bajo el mismo techo, porque no son felices juntos. Entonces se toma la decisión de ir a vivir cada uno en una casa y a veces los niños están con el papá y a veces con la mamá.

Lo importante es que seas objetivo en tu explicación. Se lo puedes explicar de la manera que te parezca más adecuada, pero lo que cuenta es que no le condiciones con tus opiniones personales.

Por ejemplo, criticando a las familias homosexuales, o diciendo que te dan lástima las familias separadas, estarías condicionando a tu hijo en su percepción del mundo, y por otro lado no le estarías dando un buen ejemplo.

Él mismo formará sus propias ideas si le proporcionas la base adecuada. Tú debes limitarte a explicarle objetivamente todo lo que necesite saber, de forma que sea capaz de extraer sus propias conclusiones.

Recuerda, tu hijo te ha hecho una pregunta, no te ha pedido tu opinión sobre el tema, así que trata de ser lo más imparcial posible al fin de proporcionarle la ocasión de analizar el mundo desde su propio filtro.

Los niños poseen un sistema de valores propio, y saben distinguir perfectamente a partir de una cierta edad lo que está bien de lo que está mal, aunque a veces no te lo termines de creer.

Siempre asoma en tu cabeza aquella creencia que dice que los niños necesitan ser guiados en todo momento, porque no tienen la facultad de distinguir lo que es bueno de lo que es malo. Y la verdad es que ellos ya tienen todo lo necesario en su interior.

El trabajo de un buen padre es sacar a la luz esas habilidades que ya posee su hijo, sin interferir en su desarrollo con imposiciones innecesarias.

Desde el nacimiento, el niño es un ser completo, capaz de comunicar y socializar de manera innata.

El mérito no es atribuible a los padres, sino que es algo que los niños llevan dentro. Pero para que tus hijos puedan desarrollar correctamente estas cualidades naturales, necesitan que sus padres se comporten de la manera adecuada con ellos, para poder imitar y modelar ese comportamiento humano.

Tu labor no es otra que darles la referencia adecuada en cada situación, ¿entiendes la importancia de poseer una buena autoestima y gestión emocional?

Todo lo que hagas tendrá un impacto en la vida de tus hijos, y con el fabuloso trabajo que has realizado a lo largo de la trilogía, estoy segura de que dispondrán de un buen modelo para formarse una idea adecuada de las personas y de sí mismos, así como potenciar y desarrollar todas sus capacidades. ¡Te felicito! Continuemos...

¿QUIERES JUGAR CONMIGO?

"Los niños aprenden mientras juegan. Más importante aún, en el juego, los niños aprenden como aprender"

(O.Fred.Donaldson)

El juego es una variable fundamental en la vida del niño desde el nacimiento hasta la adolescencia. A través del juego, logran desarrollar la lógica y comprender cómo funcionan las relaciones humanas. A través del juego, desarrollan una serie de capacidades físicas, sensoriales, afectivas, cognitivas...fundamentales para su correcto desarrollo.

En la fase de los 4 a los 6 años, se presenta normalmente el juego simbólico, a través del cual realizan una representación de la realidad. Esto les permite exteriorizar sus emociones, ya sea positivas o negativas. Si este juego se comparte con los padres, el niño es capaz de dar un sentido a su experiencia, además de sentirse querido y protegido.

El juego es un derecho fundamental del niño, y no le puede ser negado. Algunos padres tienen la creencia de que el tiempo que los niños pasan jugando libremente es perdido, y tratan de mantenerlos ocupados continuamente en actividades guiadas por ellos.

El juego no solo es el aspecto más importante de la vida de un niño, sino que es totalmente necesario para el desarrollo óptimo de su inteligencia y la posterior comprensión de ideas complejas.

El niño no posee una herramienta mejor para conocerse a sí mismo y comprender el funcionamiento del mundo que el juego.

Es importante que juegues con tu hijo, que interactúes con él y entres en su mundo infantil. Es la base para desarrollar una adecuada comunicación y para ganarte su confianza, elementos que serán claves en las fases posteriores de su vida.

Si no se instaura este tipo de relación en la infancia, resulta muy complicado recuperar el tiempo perdido más adelante. El juego representa una ocasión fantástica para ayudarle a aprender nuevas habilidades como:

- Resolución de problemas.
- Mejorar su vocabulario.
- Gestionar sus emociones de manera adecuada.
- Fomentar su autoestima.

En definitiva, el juego debería ser un momento de unión familiar para que podáis disfrutar de vuestra compañía y aprender los unos de los otros. No impongas reglas y deja a tus hijos decidir libremente la manera en la que prefieren jugar.

De esta manera, les estás ayudando a aprender a tomar decisiones y a desarrollar su creatividad. La imaginación de los niños no tiene límites, si les dejas volar libres.

Mi opinión respecto a los juguetes.

Los niños de hoy en día tienen habitaciones repletas de juguetes que no utilizan en su mayoría. He comprobado personalmente que los niños juegan en cada temporada de su vida con unos juguetes determinados, y el resto vienen completamente ignorados.

Ahora bien, en una sociedad de consumo como en la nuestra, es impensable que los niños no reciban juguetes en sus cumpleaños, Navidad, Reyes...etc.

Pero sí que puedes limitar esos regalos, estableciendo previamente lo que tu hijo necesita y le pueda ayudar en su desarrollo.

Otra idea interesante es pedir a los familiares más allegados que en vez de regalos os den el dinero y lo metáis en una cuenta a nombre del niño, de manera que cuando necesite algo realmente útil, puedas utilizar esa suma acumulada. Esto es más inteligente que llenar la casa de regalos innecesarios.

Si te paras a reflexionar un momento, te darás cuenta de que la mayoría de las veces, la persona que hace el regalo, no piensa tanto en si ese juguete le hace falta o no al niño, o si le puede aportar algo a su desarrollo, sino en el efecto que produciría en sí mismo la reacción del niño.

Pero este es otro tema, lo que te interesa es tratar de gestionar de manera adecuada los regalos que reciba tu hijo. Porque en realidad, **la novedad es algo relativo** y los niños cuando reciben muchos regalos a la vez, no son capaces de prestar atención a todos, sino que seleccionan aquellos que más les llaman la atención, y los demás acaban por ignorarlos completamente.

He llevado a cabo un experimento que ha confirmado mi teoría en varias ocasiones:

Cuando mis hijos dejan de prestar atención a determinados juguetes durante un tiempo, los hago desaparecer de su vista metiéndolos en armarios donde no los pueden ver, o en cajas dentro del garaje.

Al cabo de unos meses, cuando comienzan a aburrirse de los juguetes que tienen a su alcance, les ofrezco aquellos juegos de los que ni se acuerdan, y para ellos es como si los vieran por primera vez y los disfrutan de la misma manera que cuando les compras algo nuevo.

Esto demuestra que **no es necesario comprar siempre juguetes nuevos** cuando el niño se cansa de los que tiene.

Hay que saber seleccionar aquello con lo que el pequeño disfruta más en cada temporada, y lo demás conservarlo.

De esta manera, no solo **le ayudarás a enfocarse mejor en sus juegos**, porque visualmente el niño no verá la casa llena de juguetes, lo cual le lleva a revolver todo y no acabar jugando con nada en concreto, sino que además estarás aprovechando del **factor de la novedad**, que le hará contemplar esos juguetes que hace meses no veía y emocionarse con ellos como si fueran nuevos.

Además, **es un acto de respeto hacia lo que posees y una enseñanza a los niños de valorar y aprovechar lo que tienen.**

En vez de eso, algunos padres deciden seguir comprando juguetes nuevos a sus hijos en continuación, porque de esa manera creen que pueden compensar algunas carencias de atención o de afecto que tiene el niño.

Pero la verdad es que ningún juguete por bonito que sea, puede sustituir la presencia y el amor de un padre o una madre.

Por tanto, mi consejo es que no te preocupes demasiado por los juguetes que tiene tu hijo, porque cuando sea mayor, apenas los recordará. Lo que sin embargo quedará grabado en su memoria, serán los recuerdos del tiempo pasado junto a sus padres.

Juega con tus hijos todos los días.

"En el más feliz de nuestros recuerdos de la infancia, nuestros padres eran felices también"

(Robert Brault)

La manera de jugar de los adultos a veces, no es precisamente la más adecuada para los niños, en el sentido que tratamos de llevar el control de la situación nosotros y no les dejamos expresarse libremente.

La idea es que te dejes llevar por su imaginación, y te liberes de la necesidad de llevar las riendas del asunto. Simplemente, déjate transportar por ellos a su maravilloso mundo de fantasía.

A veces, es necesario que el adulto salga de su papel de padre o madre responsable y se ponga a un nivel más alcanzable para sus hijos.

Solo si los niños perciben que sus padres se involucran de verdad en el juego, se sienten aceptados por ellos. No creas que no son capaces de darse cuenta de estos detalles, porque su percepción sensorial y su sensibilidad es muy superior a la tuya.

Recuerda que ellos son todavía puros, no están contaminados por el sistema de creencias con el que cargamos los adultos, y por tanto, son capaces de advertir los sentimientos y emociones de sus padres con una facilidad asombrosa.

Si juegas con ellos mientras estás pensando en otra cosa, o mientras miras el reloj, porque en el fondo tienes otras prioridades más importantes, no va a tener el mismo resultado en el niño.

<u>Para que se construya un recuerdo feliz, el niño necesita percibir que su padre y su madre también son felices en ese momento</u> que están compartiendo juntos y no que lo están haciendo solamente para acontentarlo.

Es fundamental que te involucres, que te sumerjas en el juego y disfrutes. Déjate transportar por su inocencia, y podrás beneficiarte también de ese momento. Además, si enfocas bien la situación, puedes utilizar el juego también para involucrarlo en las tareas domésticas.

El problema surge cuando piensas que estás perdiendo el tiempo, y que tienes muchas otras cosas que hacer.

Lo demás puede esperar, porque si de verdad quieres que tu hijo crezca de forma saludable, formándose una idea adecuada de sí mismo y de los demás, debes entregarle tu verdadera presencia. No solo la presencia fisica, sino a todos los niveles: mental, emocional, espiritual... Tienes que estar presente con todo tu ser, igual que lo hace tu hijo.

Los niños cuando hacen algo, ponen toda su pasión.

De la misma manera, se esperan que sus padres les correspondan ofreciéndoles su más sincera y auténtica atención. De lo contrario, solo te engañas a ti mismo, creyendo que eres un padre o una madre presente con sus hijos.

Porque a tu hijo no le puedes engañar, sabe perfectamente si te dedicas a él en cuerpo y alma, o si estás pensando en otras cosas.

Tu deber es presentarte ante tus hijos con la intención de dedicarles una atención exclusiva durante el tiempo que paséis en familia.

Y para ello, tienes que liberarte de todo aquello que te preocupa, que te indispone...porque el niño no tiene nada que ver con todo eso, y si no estás atento podrías terminar por influenciarle de manera negativa.

En el siguiente capítulo te voy a hablar de un tema que seguro te interesa. Te espero a la vuelta de la página...

9

LAS PETICIONES DEL NIÑO

"Algunos padres han confundido el dar lo mejor a sus hijos con consentírselo todo, y no se dan cuenta de que por ese camino van a conseguir solamente criar a un niño infeliz"

Teresa Vitaller Gonzalo

Es habitual que los niños pidan en continuación, en especial a partir de los 4 años. Es una señal del correcto desarrollo de su carácter y fundamentalmente es un aspecto positivo, ya que denota un adecuado desarrollo de su personalidad. Poder elegir, les ayuda a desarrollar su capacidad decisional y estando bien enfocado, aprenden a responsabilizarse de sus actos. Pero es importante precisar un aspecto fundamental:

Los niños saben muy bien lo que quieren, pero no saben lo que necesitan.

Tu labor es ayudarle a comprender que debe ser guiado por sus padres para crecer bien, aunque de base deba ser respetada su voluntad. No estoy de acuerdo con las imposiciones, pero tampoco con permitir todo a los niños, creyendo que es una demostración de amor.

No lo es. El amor es saber lo que es mejor para el otro, aunque suponga tener que tomar decisiones difíciles a veces.

Quiero aclarar ciertos aspectos que me parecen fundamentales antes de proseguir:

La familia moderna que consiente todo a sus hijos

Cuando una persona ha crecido con un modelo educativo autoritario y restrictivo, y en su infancia le obligaban a comer cosas que detestaba, se le corregía continuamente su comportamiento para amoldarlo al "socialmente aceptado" o simplemente no venían respetadas sus ideas, a la hora de educar a sus hijos muchas veces utiliza un modelo educativo opuesto, dejándoles hacer todo lo que desean, y además se convence a sí mismo de que sea lo correcto, porque está ofreciendo a su hijo todas aquellas cosas que le fueron negadas cuando era un niño. Pero está muy lejos de ser un modelo correcto como puedes imaginar.

El problema de base en este caso es la falta de responsabilidad familiar, porque los padres, al permitir a sus hijos cualquier tipo de comportamiento y satisfacer todas sus necesidades, les transmiten que el amor y el respeto se identifican con el obtener lo que desean.

Con lo cual, cuando se les niegue algo, van a sentirse traicionados, porque en su mente han hecho esta asociación.

En este tipo de familias, falta un diálogo entre padres e hijos, ya que los padres han descuidado su propia integridad, anteponiendo las necesidades de sus hijos a las suyas propias.

Por ello, este tipo de relación es muy peligrosa y puede desembocar en reacciones destructivas por ambas partes, ya que ninguno de los miembros de la familia se siente satisfecho con estas dinámicas.

Por un lado, los padres han perdido completamente su identidad y sus derechos al ponerse al total servicio de los hijos, y estos, al percibir que les falta algo, no obstante sus padres les dan todo lo que quieren, sienten que hay algo equivocado en ellos.

En estos casos, cuando se quiere salir de manera consciente y madura de esa situación, la única alternativa es asumir la responsabilidad y admitir a tus propios hijos que has estado aplicando un método educativo incorrecto durante muchos años.

De esta manera, les ayudas a quitarse un peso de encima, ya que entienden por fin que no hay nada malo en ellos, y que su malestar depende precisamente de no haber recibido los límites adecuados durante su crecimiento.

<u>Si le das a un niño todo lo que pide, no entiende donde está el límite y por tanto, no desarrolla habilidades tan necesarias en la vida como el autocontrol, la empatía y la gratitud.</u> Cree que todo le es debido y con el tiempo, deja de apreciarmlo que posee, convirtiéndose en un niño insolente y que pretende de sus padres obtener lo que le apetece.

Lo siguiente, y más complicado para los padres, es hacer un esfuerzo por encontrarse a sí mismos, y buscar un enfoque nuevo en el que tengan el mismo peso las necesidades de todos los miembros de la familia.

Solo de esta manera, se puede restaurar un equilibrio sano en el que todos puedan expresar sus necesidades y tener los mismos derechos.

La familia tradicional como estructura de poder

En contraposición a los padres permisivos, está el modelo autoritario, en el cual los padres asumen una posición de poder e imponen las normas que deben respetar sus hijos, sin tener en cuenta la mayoría de las veces sus necesidades.

Es un modelo educativo heredado, y los padres creen que hacer uso de su poder para hacerse respetar es adecuado.

No han entendido que el respeto no tiene nada que ver con el temor o el cumplimiento de reglas, sino con la estima y el amor que le tienes a una persona.

<u>En estas familias, son los niños los que deben adaptarse a las normas de los adultos para respetar el sistema de valores establecido, y terminan por modificar aquellos aspectos de su personalidad que no encajan</u> para no decepcionar a sus padres, porque como bien sabes, el deseo de todo niño es ser aceptado por ellos.

En la mayoría de los casos, se recurre a castigos y violencia, ya sea física o verbal. Todos estos son atentados a la integridad del niño, ya que no se respeta ninguno de sus derechos, y probablemente crezca con una autoestima nula.

"El castigo hace que la autonomía de la conciencia sea imposible"

(Jean Piaget)

Aparentemente son niños muy educados, que saben comportarse bien en los lugares públicos y tratan de hacer felices a sus padres haciendo aquello que más les pueda agradar, pero en su interior su autoestima y seguridad en sí mismos están destrozadas.

<u>Los padres, suelen ser personas preocupadas por su imagen exterior y cuidan mucho sus relaciones de amistad</u>. Sus hijos deben ser el reflejo de su perfecta familia y no son conscientes del alto precio que están pagando para obtener esa perfección.

Están destruyendo todas las posibilidades de que sus hijos crezcan como personas felices, a costa de demostrar que pueden hacerse respetar por sus hijos y demostrar así su autoridad.

<u>Estos niños, probablemente crecerán pensando que el problema son ellos mismos</u>, porque sus padres lo hicieron lo mejor que pudieron construyendo una familia ejemplar, y no les guardarán rencor, no obstante las humillaciones y los atentados a su integridad física y emocional.

Al contrario, desarrollan un comportamiento autodestructivo, al deducir que hay algo en ellos que no funciona. <u>El problema, es que cuando sean padres, aplicarán el mismo modelo educativo con sus hijos, y se traspasará esta maldición de generación en generación</u>, a no ser que tengan el valor de mirar hacia dentro y encontrar esa fuerza que reside en su interior, que nunca nadie les dijo que poseían.

Como ves querido lector, tanto las imposiciones, como la falta de ellas, no traen consigo nada bueno. Lo más adecuado, como bien sabes, es adoptar un estilo democrático. ¿Porqué te he contado todo esto?

Bien, quiero que entiendas que no existe ninguna familia perfecta y que la teoría es muy bonita, pero la realidad es que los padres de hoy en día tenemos una vida ajetreada, nos falta tiempo y muchas veces nos da miedo equivocarnos y caer en una de esas dos categorías indeseadas por todos nosotros.

A estas alturas, eres muy consciente de las consecuencias que pueden tener en la vida de tus hijos algunos comportamientos nocivos por tu parte, pero aún así hay veces que te cuesta realmente mantener la paciencia, y te gustaría adoptar esa posición autoritaria para que te respetaran, o por el contrario tienes la tentación de dejar que hagan lo que les apetece para poder descansar un poco y no tener que estar constantemente negociando y luchando por ser escuchado.

Probablemente tu pregunta en este momento sea:

¿Qué tengo que hacer entonces para mantener un estilo educativo deseable?

En primer lugar, tienes que identificar cuál fue el estilo educativo que usaron tus padres contigo, porque esa va a ser la programación mental que te va a controlar si no tomas las riendas de la situación.

Si fueron democráticos, y te educaron de manera consciente, respetando tu individualidad, pero a la vez establecieron una serie de límites razonables que te ayudaron a crecer seguro de ti mismo y de tus capacidades, eres muy afortunado y tu tarea educativa va a resultarte mucho más fácil.

Si por el contrario, tus padres fueron autoritarios, puedes caer en la tentación de adoptar un estilo permisivo, para evitar a tus hijos todas las limitaciones que viviste, o por el contrario repetir el mismo modelo, porque justificas la labor que hicieron contigo.

En segundo lugar, necesitas aumentar tu autoestima si quieres ser un padre equilibrado, porque solo enfocándote en el amor, podrás superar todos los límites que te impiden serlo.

Y por autoestima no entiendo confianza en ti mismo, porque no se trata de lo mismo. Esta es una diferencia importante:

La autoestima es el conocimiento y aceptación de ti mismo por lo que eres. La autoconfianza, por el contrario, es ser consciente de tus capacidades y saber hasta donde puedes llegar.

Normalmente, cuando una persona posee una buena autoestima, tiene también un buen nivel de confianza en si misma, pero no al revés. Es decir, el confiar en tus propias capacidades, no significa que tengas una buena autoestima, porque esta depende del concepto que tienes de ti mismo. Te lo explico mejor a continuación:

Imagina un niño al que sus padres dan siempre una valoración a todo lo que hace, por ejemplo, hace un dibujo a su padre que vuelve a casa de trabajar, y en vez de recibir un reconocimiento por el cariñoso detalle procedente de su corazón, le hacen un comentario sobre lo bonito que es el dibujo.

El niño en ese gesto ha entregado todo su amor al padre, pero este se limita a hacer una valoración sobre lo bien que dibuja su hijo. Desde luego, no está ayudándole a mejorar su autoestima, es decir la idea de que es importante por ser quien es, no por lo bien que hace las cosas, ¿entiendes la diferencia?

El saber que puedes hacer algo, no quiere decir que te ames y te respetes, porque eso depende de la capacidad que tuvieron los adultos de amarte y respetarte cuando eras niño.

Este es un aspecto fundamental que puede marcar la diferencia en la vida de un niño, así que no lo pases por alto.

Se tiende en muchas ocasiones a hacer alabanzas al niño constantemente, porque creemos que así ganará autoestima, pero la verdad es que si esos cumplidos carecen de una intención sincera, no producen ningún beneficio en su desarrollo.

Decir constantemente a tu hijo lo bien que hace todo, es contraproducente por dos motivos fundamentales:

- Primero, si cree que hace todo bien, no va a aprender a reconocer sus fallos y por tanto, no desarrollará la humildad.

- Segundo, puede sentir que no le está permitido equivocarse, ya que sus padres siempre esperan algo bueno de él.

En definitiva, es aconsejable saber regular los elogios que haces a tu hijo para que tengan el efecto deseado, y no se convierta en un hábito privo de sentido.

Es más, podría crear el efecto contrario en el niño, haciéndole pensar que sus padres le dicen que hace todo bien para tranquilizarlo, cuando él mismo se da cuenta que no es verdad. ¿Cómo te sentirías si tu pareja o tus padres te trataran de esa manera?

La clave es pensar siempre esto:

SI YO NO ME SENTIRÍA BIEN, ENTONCES MI HIJO TAMPOCO

Antes de hablar, piensa si lo que vas a decir le puede aportar algo a su correcto desarrollo, o por el contrario es un comentario mecánico.

De esta manera, podrás elegir adecuadamente las palabras que le ayuden realmente a mejorar su autoestima, aunque a veces suponga decirle que no sabe hacer bien algo.

¡Enhorabuena! Si has llegado hasta aquí significa que de verdad estás dispuesto a cambiar aquellas creencias que no te permiten ser el padre o la madre que deseas. Quédate conmigo porque tengo mucho más que contarte...

10

APRENDE A COMUNICAR

"Lo más importante en la comunicación es escuchar lo que no se dice"

(Peter Drucker)

Si quieres establecer una relación satisfactoria con tus hijos, o mejorar la que ya tienes, es fundamental que mejores la forma que tienes de comunicar con ellos. Para ello voy a darte una serie de consejos a lo largo de este capítulo, de manera que adquieras las herramientas necesarias para transmitir lo que quieres decirles de la mejor manera y puedas negociar para conseguir aquello que más conviene al niño.

Para empezar, tienes que aprender a **eliminar ciertos patrones limitantes del lenguaje habitual** que utilizas con tus hijos como son:

• Las distorsiones tales como las presuposiciones ("ya se lo que estás pensando") o la idea de que tus hijos te están haciendo sentir de una determinada manera, cuando en realidad eres tú el que decide sentirse así ("me estás haciendo enfadar")

- Las comparaciones ("tu hermano se porta mejor que tú")

- Las generalizaciones ("siempre se te olvida dejar los zapatos en tu habitación")

A continuación tienes que **adaptar tu lenguaje al de tus hijos**, para que les sea más fácil entrar en conexión contigo, ya que sentirán que hablas el mismo idioma que ellos.

Sé que a veces es duro entrar en un estado mental que te permita liberarte de todas tus preocupaciones, cansancio, estrés... y crees que no tienes los recursos adecuados para comunicar de manera eficaz con tus hijos. Te voy a dar una serie de herramientas que te permitirán crear una empatía con tus hijos y obtener lo que deseas:

- En primer lugar, tienes que **establecer un contacto visual** con tu hijo, y ponerte a la misma altura. Si es pequeño, significa que te tienes que agachar y que tu cara esté a la altura de la suya, de manera que no te vea como un gigante inalcanzable que da órdenes incomprensibles.

- A continuación, tienes que **entrar en sintonía con el estado emocional de tu hijo**, tratando de copiar las expresiones que ves en su cara. Esto te ayuda a ponerte en su lugar y entender lo que está sintiendo en ese momento tu hijo. Está claro que si está fuera de sí y dice o hace cosas que no debe, esta técnica no funciona.

En ese caso abría que calmarlo primero con la técnica de integración de los dos hemisferios del cerebro que te expliqué en el primer libro de la trilogía.

- Cuando por fin te cuenta lo que le pasa, en vez de emitir un juicio sobre sus sentimientos ("no tienes que estar triste") o darle tu opinión sobre el asunto ("no creo que sea para ponerse así"). En vez de eso, limítate a repetir lo que te acaba de decir tu hijo y formular frases breves ofreciéndole tu apoyo emocional ("tu hermano te ha roto tu juguete nuevo y estás muy enfadado, entiendo como te sientes")

- Busca la oportunidad de llegar a un acuerdo ("podemos intentar arreglarlo y si no lo conseguimos, lo volvemos a comprar.")

Esta técnica, la puedes aplicar a cualquier edad y en cualquier situación, siempre y cuando el niño esté dispuesto a comunicar. Cuando no haya indicios de comunicación, es mejor dejar que se calme o ayudarle a integrar sus dos partes del cerebro, de manera que se pueda instaurar un diálogo más adelante.

Si eres capaz de entrar en su mundo, usando sus expresiones y su lenguaje sin corregirlo, podrás llevarlo a tu terreno, contando con su participación activa.

Otro aspecto importante, es aprender cómo tu hijo observa el mundo desde el punto de vista de los sentidos. Normalmente existen tres categorías para percibir el mundo:

- **Visual**: tiende a pensar mediante imágenes, hasta el punto que cuando alguien le habla, tiende a visualizar lo que le está diciendo la otra persona. Un niño visual, tiende a mostrar las cosas, en vez de contarlas y busca la aprobación en los rostros de sus padres.

- **Auditivo**: tiende a concentrarse sobre lo que se dice. Un niño auditivo responde mejor a lo que se le dice verbalmente que a lo que se le muestra.

- **Cinestésico**: percibe mejor que los demás las emociones y aprecia el contacto físico, y para este tipo de personas, cuentan más las acciones que las palabras. Un niño cinestésico es activo y cariñoso, le gustan los deportes y le cuesta estar quieto.

Si identificas la categoría a la que pertenece tu hijo, te será mucho más fácil adaptar tu lenguaje al suyo para poder comunicar mejor. Si es visual, podrás llamar su atención y hacerle participar activamente en la conversación, por ejemplo describiendo los detalles de la situación de manera que los pueda visualizar.

Este tipo de diálogo es esencial para que vuestra relación se base en la confianza. Si tu hijo percibe que entiendes su manera de ver las cosas, se abrirá a ti con mucha más facilidad, que si por el contrario usas un lenguaje incomprensible y fuera de su alcance.

De la misma manera, los niños también presentan una **preferencia a la hora de recibir la información**.

Por ejemplo, hay niños que prefieren tener claro solamente el cuadro general de la situación, y sin embargo hay otros que desean recibir toda serie de detalles.

Esto te puede ayudar a enfocar la conversación de una manera u otra, para involucrar a tu hijo y que no se aburra, o por el contrario sienta que no le has dicho todo.

HABILIDADES DE NEGOCIACIÓN

En definitiva, si quieres mejorar la comunicación con tus hijos, tienes que aprender cómo observan el mundo y adaptarte a ese estilo.

Algunos niños prefieren disponer de muchas opciones, mientras que a otros les encantan los procesos bien definidos en los que sepan exactamente lo que tienen que hacer.

<u>La idea es que reconozcas estas necesidades y sepas enfocar bien la negociación en base a ellas.</u>

Tienes que eliminar las amenazas, los sobornos y los castigos, porque no funcionan y pueden tener efectos nocivos sobre la autoestima del niño. Lo único que se consigue es poner una etiqueta al niño, y ya sabes lo que cuesta deshacerse de ellas con el paso del tiempo.

Son métodos que constituyen una forma de intimidación, y lejos de obtener el comportamiento deseado, el niño lo adoptará como modelo y lo aplicará en su vida, por ejemplo intimidando o amenazando a otros niños.

¿Qué puedo hacer para que mi hijo me escuche y me obedezca?

Cuando tu hijo no se comporte bien, lo más adecuado es hacerle notar todas las cosas buenas que sabe hacer, de manera que el niño recuerde que es capaz de comportarse bien, y por tanto le ayudas a elegir ese comportamiento. De ese modo, en vez de humillarlo o etiquetarlo por su mal comportamiento, estás colaborando para que saque los recursos internos que tiene.

Por ejemplo: tu hijo no quiere recoger los juguetes y ha adoptado una postura de oposición, en vez de amenazarle con no dejarle ver los dibujos animados, ¿porqué no pruebas con algo así?

"Yo conozco a un niño que recoge los juguetes siempre y me ayuda en muchas más cosas ¿dónde puede estar?"

Salvo casos raros, la respuesta del niño va a ser: "aquí estoy, ¿cómo te puedo ayudar?" Porque los niños, lo que más desean es hacer felices a sus padres y sentirse amados.

Tu labor es saber dirigir la situación hacia el resultado deseado y no permitir que degenere en una discusión innecesaria.

ESQUEMAS DE COMPORTAMIENTO

Otra técnica que te puede resultar muy útil a la hora de determinar la causa del comportamiento de tu hijo es elaborar un registro de su conducta.

Durante una semana, **anota en un diario cómo se comporta a cada hora del día**, de manera que podrás identificar aquellos patrones de comportamiento que se repiten siguiendo un esquema y te será más fácil averiguar la causa. Aproximadamente, te interesa valorar los siguientes momentos de la jornada:

- Por la mañana nada más levantarse
- A mitad de mañana

- Después de comer
- A mitad de tarde
- A finales de la tarde
- Por la noche

Esta observación detallada puede ayudarte a entender, por ejemplo si se comporta de manera diferente con mamá o papá, cuando está en el colegio, cuando tiene hambre, está aburrido o cuando tiene sueño.

Presta atención a lo que come cuando observas los cambios de comportamiento. Puede que la ingesta de demasiados azúcares le haga excitarse y tenga un pico de actividad, o por el contrario, sufra una bajada de glucosa y necesite algún alimento que le de energía.

Asímismo, **observa sus niveles de actividad física** y si pasa el suficiente tiempo diario al aire libre o practicando algún tipo de deporte. Los niños necesitan descargar las tensiones acumuladas mediante el movimiento, así que analiza si tu hijo está realizando el nivel de actividad necesario.

Por último, otro esquema a considerar es **tu estado mental**. En ocasiones, comportamientos idénticos de tus hijos generan reacciones totalmente diferentes en ti. Tienes que ser coherente en tu forma de reaccionar con ellos, de lo contrario, los niños acaban por desorientarse y no saber cual es el comportamiento deseado, ya que cada vez respondes de una manera distinta.

Lo más importante, como te he repetido varias veces a lo largo de la trilogía, **es tener la mentalidad adecuada**. Haberte liberado de los patrones que te limitaban a la hora de pensar y ser libre para elegir cómo quieres que crezcan tus hijos.

Y sobre todo **amarse lo suficiente**. Haber aceptado todos y cada uno de los aspectos de ti mismo que te hacen ser único e irrepetible, incluso aquellos que te avergonzaban en el pasado, o que alguien criticó en su día haciéndote sentir mal por ser así.

Si tienes esa base, puedes construir los cimientos de vuestra familia sobre el amor y el respeto. Porque si te amas y te respetas a ti mismo, eres capaz de desarrollar relaciones saludables en todas las áreas de tu vida.

Sin embargo, aquel que pone en práctica estas técnicas sin haber llevado a cabo la reconstrucción de su morada interior, no le van a funcionar a largo plazo, porque en cuanto pase algo que le haga perder el equilibrio, todo su castillo se va a desmoronar.

No me cansaré de repetirlo las veces que haga falta:

LA BASE DE TODO ERES TÚ, SI NO ESTÁS BIEN, NADA DE ESTO PUEDE FUNCIONAR.

A muchos padres les encanta que les den métodos y consejos sobre cómo educar mejor a sus hijos y no son conscientes de que si no solucionan aquello que no funciona en ellos mismos, todos sus esfuerzos por mejorar la vida familiar serán en vano. Porque son precisamente sus límites los que no les permiten aplicar de manera adecuada esas técnicas.

Por eso, céntrate primero en solucionar cada día aquello que no está resuelto en tu interior. **Aplica todas las estrategias** que viste en los dos libros anteriores a diario:

- **Comienza el día con buen pie y pon en orden tus ideas**. Obtén claridad sobre cuales son tus objetivos para ese idea y establece prioridades. Recuerda que puedes hacerlo todo, pero no al mismo tiempo. Sé coherente y no intentes hacer más de lo que puedes, de lo contrario terminarás por frustrarte.

- Asímismo, **sé grato con la vida y agradece por todo lo bueno que hay en tu vida**. Concentrarse en lo bueno, es la mejor manera para ser feliz y atraer cosas positivas.

- **Repítete a diario delante del espejo todas las cosas buenas que hay en ti**. Dite lo mucho que te amas aunque no te lo creas al principio. Estás acostumbrado a decirlo a los demás pero no a ti mismo, y es precisamente esa persona que ves reflejada en el espejo la más importante de tu vida. ¡Quítate de una vez los complejos y las ataduras mentales!

No importa si alguien te dijo alguna vez que eras feo, gordo, tonto, antipático, tímido...

Lo que importa es lo que dices tú de ti mismo. Recuerda siempre que el mundo te amará solo si te amas primero tú. Y como tus hijos son tu propio reflejo, también se amarán a sí mismos, y el mundo les amará.

- **Ten siempre presente que eres un ser único y tu misión en la vida es ser feliz**. Pero eso solo puedes lograrlo soltando todas las cadenas que te atan a una vida que no es tuya, y entendiendo realmente quién eres y para qué viniste a este mundo.

- **Ten un plan de acción detallado hacia tus sueños más auténticos.** Ya sabes que una vida con propósito es una vida plena y satisfactoria en todos los sentidos. Crea una visión y trabaja diariamente en la consecución de pequeñas metas orientadas a alcanzarla.

- **Elimina tensiones a través de la actividad física.** La vida está en constante movimiento, escucha las señales que te manda tu cuerpo y dale lo que necesita para funcionar de manera adecuada.

- **Pasa cada día tiempo a solas contigo mismo para meditar y entrar en conexión con tu verdadera esencia.** Vacía tu mente de pensamientos y aléjate del ruido del mundo. Entra en tu oasis de paz interior y busca ahí las respuestas que necesitas para seguir adelante.

Todo esto es fundamental para no perder el equilibrio y ser un padre y una madre conscientes. Preocuparte por ti mismo es la base para poder ocuparte de manera adecuada de tus hijos. Me parece imprescindible volver a remarcarlo, porque nunca es suficiente el tiempo empleado en recordarse a sí mismo el valor de la propia vida.

Querido lector, estamos a punto de terminar la segunda parte del libro, y quiero hacer un **repaso de todos los conceptos** expuestos para asegurarme de que haya quedado todo claro:

  ✓ **Tu labor como padre o madre es contener al niño en las fases críticas de su crecimiento**, para que pueda desarrollar de manera adecuada la autonomía y la confianza en si mismo.

✓ <u>Trata de no utilizar castigos</u>, amenazas o humillaciones, porque son atentados contra la integridad del niño que disminuyen su autoestima y amor propio.

✓ <u>Préstale la atención necesaria cada día</u> y escucha lo que tiene que decirte de igual a igual. Recuerda que lo que te está contando tu hijo es lo más importante que le ha pasado en su vida, por lo tanto pon la intención adecuada.

✓ <u>Acepta que el comportamiento del niño es el resultado de las experiencias que vive</u> y plantéate de forma responsable si de alguna manera estás contribuyendo a fomentar esa conducta.

✓ <u>Analiza con total sinceridad si de manera inconsciente, adoptas una postura autoritaria con tus hijos</u>, y cambia esa creencia por la de respetar su dignidad. Pon tus necesidades al mismo nivel que las de tu hijo, ni por encima ni por debajo.

✓ <u>Manifiesta el amor que sientes por tu hijo siempre que sea posible</u>, y no creas que el niño puede intuir que le quieres solo porque eres su padre o su madre. Hazle saber lo mucho que lo amas en toda ocasión. Es lo único de lo que no se cansará nunca. Ahora bien, tu comportamiento debe ser coherente, porque no sirve de nada decirle que le amas, y luego tratarlo mal. La demostración debe ser verbal y no verbal. El niño debe percibir tu amor en todos los sentidos.

✓ **Ofrece a tu hijo las respuestas que necesita para formarse una correcta idea del mundo y de sí mismo.** Si cuando te formule una pregunta no te sientes preparado, pídele un poco de tiempo para reflexionar. Trata de ser objetivo al responder para que pueda formarse su propia opinión de las cosas, sin tu condicionamiento.

✓ **El juego es el aspecto más importante de la vida del niño**, y es necesario para el correcto desarrollo de todas sus capacidades. Por tanto, juega a diario con tus hijos y entra en su mundo infantil. Aprovecha para conectar con esa energía y utiliza ese momento de unión familiar para aprender los unos de los otros.

✓ **Procura no llenar la casa de juguetes** porque los niños se desorientan y no saben con qué jugar y cómo jugar. Si le hacen muchos regalos, haz una selección de aquello que más le gusta y esconde los demás juguetes, de manera que de un sentido a lo que tiene. Al cabo de unos meses, en vez de comprar cosas nuevas, propónle aquellos juguetes olvidados y ¡verás la ilusión que le hacen!

✓ **Darle a tu hijo todo lo que pide,** lejos de ser una demostración de amor, **disminuye en el niño la autoestima**, el autocontrol y la gratitud por la vida, y lo convierte en un niño inseguro e infeliz.

✓ Por el contrario, **limitar a los niños en todo** y pretender que sean perfectos y se adapten a los esquemas autoritarios familiares, **es igualmente erróneo**, ya que desarrollan un comportamiento autodestructivo al verse a sí mismos inadecuados e insignificantes, debido a la rígida educación recibida.

✓ Para poder educar a tus hijos desde un modelo democrático y emocionalmente equilibrado, tienes que aumentar tu autoestima y enfocarte en el amor que llevas dentro. Solo desde tu verdadera esencia podrás superar todas las dificultades que conlleva educar y criar a un niño siendo una persona consciente y responsable.

En caso contrario, te dejarás llevar por tu programación mental y acabarás cometiendo los mismos errores que cometieron tus padres contigo, y los patrones heredados se repetirán de generación en generación.

✓ Para comunicar de manera adecuada con tus hijos, tienes que eliminar los patrones limitantes de tu lenguaje, como las presuposiciones, las comparaciones, o generalizaciones.

✓ Para poder entrar en el mundo de tus hijos y por tanto comunicar de manera más eficaz, es imprescindible que adaptes tu lenguaje al suyo.

✓ Aprende cómo tu observa tu hijo el mundo y utiliza técnicas de negociación para mejorar su comportamiento.

✓ En vez de usar los castigos o las recompensas, recuérdale todos los recursos que posee y que es capaz de comportarse bien si elige que así sea. Hazle ver cómo puede ayudar a la familia su buen comportamiento dirigiendo su atención al resultado deseado.

- ✓ **Presta atención a sus esquemas de comportamiento** y actúa allí donde haya algún desajuste.

- ✓ En definitiva, para que todo esto funcione, **debes ser una persona equilibrada y segura de ti misma,** porque como bien sabes, tus hijos modelan tu propio comportamiento. Trabaja a diario en tu propio bienestar físico, emocional y espiritual para proporcionar un soporte adecuado a tus hijos.

Estoy deseando que leas lo que viene a continuación, porque te va a entusiasmar. Vamos a hablar de temas tan relevantes como respetar la individualidad del niño, cómo hablar con ellos sobre la sexualidad, la gestión de conflictos y los principales desafíos que se presentan en la adolescencia.

Todo esto y mucho más en las siguientes páginas...

Te veo enseguida...

PARTE 3: EL NIÑO SABIO
7-11 AÑOS

DESPUÉS DE LA TORMENTA LLEGA LA CALMA

"Un niño siempre puede enseñar tres cosas a un adulto: a ponerse contento sin motivo, a estar siempre ocupado con algo y a saber exigir con todas sus fuerzas algo que desea"

(Paulo Coehlo)

Esta fase supone la llegada de una cierta tranquilidad, dado que el niño ha superado (en la mayoría de los casos, siempre hay excepciones) la mayor parte de los conflictos de las etapas anteriores y aún no se halla inmerso en las alteraciones hormonales de la adolescencia. Todo esto hace que tu hijo se encuentre en disposición de realizar numerosos progresos y adquiera nuevas habilidades en lo relativo al aprendizaje.

DESARROLLO GENERAL DEL NIÑO

Las fases anteriores se caracterizaban por una cierta subjetividad, sin embargo, en esta etapa el niño se enfrenta a la realidad y deberá adaptar su comportamiento a las situaciones que la vida le pondrá delante.

Se suele denominar esta etapa como "la edad de la razón", ya que a partir de los seis años, el pensamiento se hace más analítico y aparece el espíritu crítico del niño. El niño empieza a ser más consciente de la realidad y desarrolla su capacidad de reflexión.

Todo esto le lleva a ser más tolerante a la frustración que sentía en etapas anteriores y deja de estar tan inmerso en mundos de fantasía.

Necesita ser reconocido y aceptado, tanto por su familia y entorno más cercano, como por sus compañeros e iguales.

Poco a poco, va formándose una idea más concreta de sí mismo, y cada vez va siendo más consciente de que es un ser individual con sus propias ideas y ambiciones.

En torno a los siete años se produce, tal y como definió Piaget, la reversibilidad del pensamiento, es decir, la capacidad del niño para razonar sobre operaciones concretas, por lo que pasa a prestar más atención a los aspectos cuantitativos y no solo cualitativos de las cosas.

Esta nueva habilidad le permite ubicarse en el mundo material y sentirse parte de él. Su curiosidad por descubrir todo lo que le rodea sigue en aumento, y tiende a acumular objetos que para él son "pequeños tesoros".

A los ochos años, el niño comienza a descubrir la justicia y la igualdad, y cobra importancia la lealtad al grupo de pertenencia en la escuela. Le preocupa más que el grupo le acepte, que lo que piensen los padres o los profesores. En esta etapa, es fundamental para el niño la complicidad con los demás para alcanzar objetivos comunes.

Entre los ocho y los diez años, se comienzan a consolidar una serie de hábitos y aficiones. Es un buen momento para introducir el hábito de la lectura y practicar un deporte de forma regular.

Tu papel es fundamental para ayudarle a emplear bien su tiempo libre, de forma que canalice sus intereses y descubra cuáles son sus preferencias.

Alrededor de los diez años, aparece el pensamiento abstracto, lo que capacita al niño para razonar a partir de hipótesis, y no solo basándose en hechos concretos.

Es una fase en la que dejan de ser egocéntricos y van siendo capaces de controlar su impulsividad, lo cual les permite conocerse mejor a sí mismos.

A medida que avanza, el niño va encontrándose con una serie de obligaciones y deberes, que le obligan a madurar y responsabilizarse de sus acciones, ya sea en el ámbito escolar, que en el familiar.

No obstante, el **juego sigue estando muy presente en esta fase de la infancia,** y no se debe negar nunca a un niño la posibilidad de jugar, queriendo convertirle en adulto de manera precoz.

Los niños no solo descargan tensiones mientras juegan, sino que aprenden a socializar y regular su comportamiento ante los demás niños, desarrollando habilidades tan necesarias en la vida como el autocontrol, la integración y la tolerancia.

El juego espontáneo favorece la maduración y el pensamiento creativo, mientras que en los juegos de grupo, el niño aprende a respetar las reglas y los turnos. Es un momento en el que el niño toma conciencia sobre los sentimientos de los demás, y suele mostrarse empático al respecto.

En esta última etapa cercana al inicio de la adolescencia, **el niño comienza a buscar su intimidad**, y prefiere en ocasiones, estar solo en su habitación que estar en compañía de su familia. Está interesado en conocer la sexualidad, aunque normalmente es por satisfacer su curiosidad, más que por la búsqueda de placer en sí misma.

En definitiva, **es una etapa de muchos cambios cognitivos en el niño, el cual se va formando su personalidad** a través de la interacción con sus amigos y compañeros, que le permiten hacerse una idea más concreta de si mismo.

En los siguientes capítulos vamos a profundizar los aspectos a los que tienes que estar más atento para que tu hijo crezca feliz y llegue a la adolescencia con una buena autoestima y confianza en sus padres.

12

PRESERVA LA ESENCIA DE TU HIJO

"Cada niño es un artista. El problema es cómo seguir siendo artista una vez que crezca"

(Pablo Ruiz Picasso)

En esta etapa es cuando se empiezan a desarrollar verdaderamente las capacidades de tu hijo, ya que posee un nivel cognitivo del que carecía en etapas anteriores y es el inicio de una fase de mucha actividad mental y física.

<u>Es fundamental que estés atento a las señales que te manda con su comportamiento y que sepas reconocer aquello que se le da bien por naturaleza.</u>

> **No te centres en aquello que no se le da bien, sino en lo que ama y hace bien de manera natural.**

Fomenta sus habilidades innatas y céntrate en potenciar lo que coincide con su verdadera esencia.

Desde mi punto de vista, no tiene sentido dar demasiada importancia a aquello que no se le da bien a tu hijo, ya que no solo le estás haciendo más presentes sus debilidades que sus fortalezas, lo cual puede debilitar su autoestima, sino que además estás pasando por alto sus verdaderos puntos de fuerza.

Atención, no quiero decir que no haya que dar un soporte si el niño lo necesita en alguna asignatura, pero no es adecuado concentrar toda la atención en lo que se le da peor, sin potenciar aquello que se le da realmente bien.

Se nos ha acostumbrado a concentrarnos exclusivamente en lo negativo y seguro que cuando eras pequeño te hacían notar más lo que se te daba peor, que aquello que hacías bien.

> **¡Rompe de nuevo el patrón y brinda a tu hijo la seguridad y la confianza que necesita para poder volar!**

Deja de fijarte solamente en aquello que no funciona y presta atención a aquello que realmente le apasiona y le pertenece por naturaleza.

El sistema educativo

Ciertos padres se obsesionan con imponer a sus hijos un rendimiento académico óptimo. Estoy de acuerdo en que se deben fomentar sus competencias, pero desde luego esto no se consigue obligando al niño a ser excelente en todas las asignaturas.

Hay niños que tienen una predisposición natural a ser brillantes en todo, pero no quiere decir que sea lo mejor o que vayan a triunfar en la vida. Hay que ver si disponen de otras aptitudes igualmente necesarias para la vida y que la escuela no te proporciona.

Como padre o madre, **más bien debería importarte la felicidad y bienestar de tu hijo**, en vez de que tenga las mejores notas de la clase.

Acepta, si es el caso, que tu hijo no sea el mejor de la clase, ya que la educación actual premia solamente habilidades desde el punto de vista didáctico y académico, pero no se fija en otras capacidades igualmente importantes como la creatividad y la imaginación.

"A los niños antes de enseñarles a leer, hay que ayudarles a aprender lo que son el amor y la verdad"

(Mahatma Ghandi)

En la escuela no se educa el uso del propio cuerpo, por ejemplo, o se estimulan los sentidos a través de la manipulación, sino que se da prevalencia a materias como las matemáticas, los idiomas, la historia o las ciencias naturales.

Pero, ¿qué hay de aquellos niños que no poseen las capacidades que impone el sistema?

Pues que se trata de cambiar su verdadera esencia, forzándolos a ser buenos en cosas que ni les interesan, ni desarrollarán con pasión en el futuro. ¿Y todavía nos preguntamos porqué algunos adolescentes no tienen ambiciones y piensan solo en divertirse?

Ellos no tienen la culpa de haber crecido en una sociedad en la que se desmotiva al estudiante constantemente y no se tienen en cuenta sus verdaderos intereses, aparte de estar basado en un sistema de valoración injusto.

En el momento en el que se crea una competición por ser el mejor de la clase y no se tienen en cuenta las necesidades reales del niño, se le niega el derecho fundamental que cada ser humano posee cuando llega al mundo: **el derecho al amor y aceptación incondicionales de sus padres.**

Estamos acostumbrados a pensar que un niño que no va bien en el colegio no es inteligente, y esta es otra creencia obsoleta. En realidad un niño que saca malas notas puede tener mucho talento y ser brillante y creativo en otras áreas, solo que el sistema educativo tal y como está diseñado, no es capaz de apreciar esas virtudes.

Si basas la percepción global de tu hijo solamente en el rendimiento académico, lo estás reduciendo a ese parámetro tan limitante que usa el sistema educativo para valorar a sus alumnos.

¿Cómo se pueden juzgar las capacidades de un niño solamente en base a un boletín de notas?

Si saca buenas calificaciones, quiere decir que es inteligente y que puede hacer lo que quiera en la vida, sin embargo si sus notas no son tan buenas, se duda de si en la vida será capaz de conseguir algo bueno.

Estas etiquetas que se ponen a los niños de manera casi automática e inconsciente, no hacen otra cosa que destruir su autoestima y la confianza en sus propias capacidades.

No me malinterpretes, con todo esto no quiero decir que no tengas que estimular a tus hijos para que se esfuercen, pero lo importante no debe ser solamente el resultado, sino que es fundamental tener en cuenta la intención que pone tu hijo.

Soy muy partidaria de fomentar la excelencia en los niños, pero siempre y cuando se respete su integridad y no se le pretenda etiquetar o limitar a una evaluación.

Ahora bien, vivimos en una sociedad y hay que adaptarse al sistema de una manera u otra, solo te pido que no te dejes arrastrar por sus imposiciones y no permitas que estas valoraciones hagan desvanecer los talentos innatos de tus hijos.

Y no es que piense que una valoración no sea útil a fines formativos, el problema surge cuando se convierte en la única unidad de medida del aprendizaje.

Es necesario cambiar el concepto de inteligencia si queremos que la especie humana evolucione. No podemos seguir pensando que para que una persona tenga buena perspectiva de futuro tiene que ir obligatoriamente a la universidad.

Eso era en el siglo pasado, en los tiempos actuales, tener una carrera no te garantiza nada si no dispones de los recursos internos necesarios para ser bueno en un trabajo. Y para eso, querido amigo, en muchos casos no es necesario estudiar una carrera universitaria.

El sistema educativo, por el contrario debería preocuparse más en proporcionar los estímulos adecuados para que el niño se desarrolle adecuadamente y despliegue sus verdaderos talentos, y no crear una manada de ovejas en serie.

Es absolutamente necesaria una revolución en el sistema educativo, en la cual se aprovechen al máximo las capacidades naturales del niño.

Mientras tanto, no seas una víctima del sistema dejándote absorber por todas sus imposiciones y permite que tu hijo crezca de manera adecuada sin intentar cambiar su predisposición natural.

Los intereses del niño

Preocuparte por conocer los intereses y sueños de tu hijo es más importante que pretender un niño perfecto, pero privo de entusiasmo y vitalidad. No permitas que pierda esa chispa y esa pasión por la vida pidiéndole más de lo que puede dar.

SIMPLEMENTE DÉJALE SER UN NIÑO.

Nunca te olvides de esto. Si bien es cierto que tu hijo posee un potencial increíble que hay que aprovechar, saturarlo de actividades constantemente no le va a beneficiar.

Hoy en día algunos niños tienen agendas más apretadas que las de muchos ejecutivos, porque sus padres creen que llenándoles de actividades extraexcolares, clases de apoyo y deportes, van a crecer estando más preparados para afrontar su vida adulta.

<u>Pero lo que un niño necesita realmente es sentir que sus padres se preocupan por conocerle y por ayudarle a resolver sus problemas.</u>

Cuando se entra en esa vorágine de actividad, se arriesga perder el contacto íntimo y personal que necesita tu hijo, y acaba comportándose como un robot y ejecutando órdenes sin darles un sentido profundo.

Igual que tú, **tu hijo necesita saber que su vida tiene un sentido para ser feliz.** Para poder darle un sentido, es imprescindible que haga cosas que ha elegido él y que no le vengan impuestas, o sea influenciado para elegirlas.

Para un niño de esta edad, una actividad, a lo sumo dos, aparte de la escuela sería más que suficiente.

No tiene sentido llevarlos a clases de natación, de inglés, de piano, de tenis, de música... y no permitirle vivir su infancia adecuadamente.

El niño tiene derecho a disfrutar de su tiempo libre e incluso a aburrirse, porque a través del aburrimiento se desarrolla la imaginación y se dispara la creatividad.

Algunos padres tienen miedo de que sus hijos no sepan que hacer en su tiempo de ocio y acaben por estar toda la tarde delante de una pantalla.

Para evitarlo, programan una actividad detrás de otra, pero déjame decirte que eso es tan negativo como lo primero.

La razón es que se priva al niño de la posibilidad de crecer despreocupado, y se fuerza su crecimiento al pedirle que desarrolle de manera precipitada una serie de habilidades, que en realidad, no son necesarias para su correcto desarrollo.

¿Le has preguntado a tu hijo lo que le gustaría hacer?

Veo muchos niños que van de un sitio para otro después del colegio y me pregunto: ¿han elegido ellos de manera consciente el estar siempre ocupados o son arrastrados por unos padres esclavos del ego que desean tener unos hijos ejemplares que sepan hacer de todo?

Se cae a menudo en el error de obligar a los niños a crecer demasiado deprisa, sacándolos de manera prematura de su mundo infantil y pretendiendo que adquieran una serie de competencias para su vida adulta.

Pero uno se olvida de lo más importante: **¿mi hijo es feliz?**

Plantéate de forma sincera y sin culparte, si estás exigiendo demasiado a tu hijo, y piensa en cómo podría mejorar su vida si simplemente le dejaras disfrutar de su infancia jugando y sintiéndose libre. Ya quedará tiempo para madurar y asumir sus responsabilidades.

En cualquier caso, piensa que no tiene nada que ver responsabilizar a tu hijo con respetar su voluntad. Hay niños muy responsables que crecen de manera libre, porque tienen unos padres conscientes que respetan sus ciclos naturales, y por el contrario otros niños muy saturados a nivel mental, pero que son incapaces de hacerse responsables de sus actos.

En el fondo queremos justificar nuestra vida estresante y caótica llenando a nuestros hijos de actividades, pero ¿realmente es necesario todo eso? ¿O el niño crecería siendo mucho más feliz y equilibrado si se respetara su voluntad y sus padres lo aceptaran tal y como es?

El problema surge cuando eres esclavo del ego y por tanto de la opinión de los demás.

Te acabas preocupando más por la imagen que tu hijo proyecta al exterior que de cómo se siente realmente por dentro. Lamentablemente en la sociedad actual, existe la necesidad de llenar constantemente cada espacio del día con alguna actividad y esto muchas veces lleva a perder el contacto con uno mismo y con lo que desea de verdad.

Si no te paras a escuchar las necesidades y deseos de tu hijo, puede acabar por perder su verdadera esencia.

Asímismo, en vez de poner el foco exclusivamente en el niño cuando no obtenga los resultados deseados, ¿porqué no prestas más atención al entorno en el que se mueve?.¿Crees que el método educativo que recibe en el colegio lo motiva de la manera adecuada como para que desarrolle su máximo potencial?

¿O por el contrario tu hijo se tiene que adaptar a las imposiciones de maestros y adultos para satisfacer lo que el sistema reconoce como bueno?

Si no partes de la base de utilizar el sentido común y no creerte todo lo que te cuentan, sino comprobarlo por ti mismo, dejando siempre a tus hijos el beneficio de la duda, no puedes pretender ser justo y equilibrado.

Manipular y tratar de cambiar a tu hijo solamente por encajar en los estándares que establece una sociedad en la que cuenta más la apariencia externa que la propia esencia, no es ser precisamente un padre o una madre conscientes.

¿Entiendes por fin porqué hemos hecho todo el trabajo anterior?

Porque lo más importante, la base de todo, es lo que pienses tú acerca de la vida y las prioridades que tengas. De ello va a depender directamente el estilo educativo que vas a aplicar con tus hijos.

En el segundo libro de la trilogía me centré en ayudarte a conectar con tu verdadera esencia, porque solo desde esa consciencia, puedes ser capaz de respetar la individualidad de tu hijo.

Una persona que duerme, que es esclava de sus cadenas mentales, no es capaz de razonar en estos términos, sino que toma decisiones siendo guiado por la voz ajena, y no por la suya propia.

Con lo cual, su vida y la de sus hijos están en manos de las tendencias de la sociedad, lo que como bien sabes lleva a cambiar la propia identidad para encajar en el molde impuesto.

Es necesario que te replantees el concepto con el que educas a tus hijos, porque si quieres un mundo mejor para ellos, tienes que valorarlos por lo que son, y no tratar de modificar su naturaleza para que encajen en la sociedad.

Tenemos que desindustrializar el concepto educativo y adaptarlo a cada niño, de manera que crezca desarrollando sus talentos.

Solo de esa manera seremos capaces de construir un mundo más consciente y sensible a las necesidades reales de los niños para permitirles ser felices y desarrollar sus verdaderos talentos.

RESPETA SU INTEGRIDAD

"Una de las trampas de la infancia es que no hace falta comprender algo para sentirlo. Para cuando la razón es capaz de entender lo sucedido, las heridas ya son demasiado profundas"

(Carlos Ruiz Zafón)

A estas alturas del recorrido eres muy consciente del impacto que pueden tener en la vida de un niño ciertos comentarios o comportamientos por tu parte. Tus padres, sin darse cuenta y sin mala intención, provocaron en ti profundas heridas que has arrastrado durante muchos años.

Tuviste que hacer un difícil trabajo de sanación para superar todo aquello enfrentándote a los fantasmas del pasado, y no obstante todo ello, a veces las dudas sobre si te mereces lo mejor de la vida siguen asomando a tu puerta.

Estoy convencida de que no quieres lo mismo para tus hijos, sobre todo teniendo en cuenta que ciertas heridas pueden llevar a una persona a tomar decisiones irreversibles.

No pienses que porque tu hijo sea pequeño el impacto que tendrá en su vida una reacción desmesurada por tu parte será menor.

Es más, está demostrado que todo aquello que ocurre en los primeros años del niño, es decisivo para el transcurso del resto de su vida, aunque en la mayoría de los casos no queden recuerdos o el niño no sea capaz de dar un sentido a la experiencia vivida.

El daño está hecho igualmente, sea consciente o no el niño, lo demuestre o no con su comportamiento, porque recuerda que **los niños aman a sus padres, sea como sea que estos les tratan**, y la mayoría de las veces, no guardan reencor ante un maltrato físico o mental por su parte.

En vez de eso, crecen pensando que hay algo en ellos que no funciona, y probablemente en la adolescencia presenten comportamientos autodestructivos o adicciones que puedan compensar la falta de amor y autoestima recibidos durante la infancia.

Ahora bien, <u>debes mentalizarte sobre el hecho que de manera automática, la reacción que vas a tener cuando tu hijo se porte mal, va a ser la misma que tus padres tuvieron contigo cuando eras niño, a menos que elijas reaccionar de forma consciente y responsable</u>, desde el papel de adulto y no de niño herido.

Por tanto, si te trataron con suficiencia, haciéndote notar cuando te equivocabas tu incapacidad para hacer algo, vas a tratar a tu hijo de la misma manera, a menos que estés alerta y te esfuerces por elegir la creencia potenciadora que estableciste en el proceso de sanación.

Si no has restaurado esa parte herida, no vas a saber tratar bien a tus hijos cuando se presente una situación similar, porque en realidad, estás viendo tu propio reflejo en ellos y no eres capaz de enfocar la situación desde el equilibrio emocional.

Es decir, **tienes que respetarte primero a ti mismo**, cuando se repita una situación en la que tu integridad fue violada, y sanar esa parte de tu niño interior, para poder afrontarla con la responsabilidad que necesita tu hijo.

En realidad, como te he dicho otras veces, el trabajo de sanación del pasado no se realiza una vez en la vida y ya está todo solucionado, sino que conforme se van presentando situaciones en la vida cotidiana con tus hijos, ellos van a ser el espejo en el que vas a ver reflejado a tu pequeño interior.

Algunas veces, verás un niño feliz y seguro de sí mismo, y otras te encontrarás con un niño triste y decepcionado. Lo importante es que tengas siempre muy presente que en este caso el verdadero niño es tu hijo, y por tanto debes comportarte como un adulto estable para poder proporcionarle una infancia feliz y un desarrollo adecuado.

Esto debe servirte como motivación para encontrar siempre la fuerza que hay dentro de ti que te ayude a superar ese dolor y donar a tu hijo tu mejor versión.

El amor que llevas dentro puede borrar los recuerdos más dolorosos si tienes un buen motivo para hacerlo.

Y la verdad es que no se me ocurre ninguno mejor que la carita de tu pequeño mirándote con admiración.

Por tanto, elige cuidadosamente tus palabras antes de hablar y deposita en ellos semillas de amor, respeto, confianza y seguridad en si mismos y ¡podrán volar alto como águilas!

No les cortes sus alas, más bien, ayúdales a coger impulso y lanzarse a por sus sueños. Un día vendrán a agradecerte el haberles educado como personas libres y con los valores adecuados.

LA GESTIÓN DE CONFLICTOS

"Si quieres que tu familia te ame y te respete, entonces debes amarlos y aceptarlos tú a ellos"

(Louise Hay)

No obstante la vida familiar ofrece momentos maravillosos, sabes muy bien que existen otros tantos difíciles y conflictivos, que si no se afrontan desde el enfoque adecuado pueden empeorar la calidad de vuestros días, ya que terminan por desencadenar discusiones innecesarias, comportamientos negativos y falta de comunicación.

En este capítulo mi intención es tratar de abordar aquellas situaciones que pueden presentarse con mayor frecuencia para tratar de ofrecerte una perspectiva diferente a la que habitualmente hemos sido acostumbrados.

Cuando el niño no obedece

Es importante que te plantees, si quieres mejorar el comportamiento de tus hijos, que en primer lugar debes modificar el tuyo. Y esto, como bien sabes depende directamente de las creencias y valores que tengas como padre o madre.

Hemos visto que las amenazas y los sobornos no tienen un efecto benéfico sobre el comportamiento a largo plazo del niño, sino que más bien te ofrecen "pan para hoy y hambre para mañana".

Lo fundamental es la coherencia, y por tanto las reglas familiares deben establecerse claramente entre ambos padres, y lo más importante es que no haya diferencias entre lo que piensa uno y lo que piensa otro.

ES NECESARIO SEGUIR UNA UNICA LINEA LÓGICA

De lo contrario, te arriesgas a confundir al niño con vuestra ambigüedad, y podría terminar por aprovecharse de esta situación, poniéndose del lado del que es más permisivo, lo cual normalmente crea un mal clima familiar.

Lo primero es sentarse a aclarar las ideas entre adultos y establecer las bases de comunicación de la familia. Las cuestiones que sugiero que os planteéis son las siguientes:

- ¿Cuándo queremos establecer la ocasión para estar juntos todos los miembros de la familia y discutir los asuntos importantes?

- ¿Cuál va a ser el momento del día en el que nos reunimos todos y pasamos un rato juntos sin distracciones hablando de nuestra jornada?

- ¿Qué comportamiento nos esperamos de nuestros hijos y cómo nos gustaría que colaboraran en las tareas del hogar?

- ¿Cómo vamos a afrontar los conflictos tales como las rabietas, los enfados, la rivalidad entre hermanos, la tristeza, las discusiones con compañeros...?

- ¿Cómo vamos a programar las salidas familiares de ocio y las vacaciones?

Todos estos, querido lector, son aspectos fundamentales que os debéis plantear previamente de comunicarlos a los niños, ya que a ellos tenéis que ir con las ideas claras.

Tus hijos necesitan que les digas exactamente cuál es la dirección a seguir, de forma que sientan la seguridad de que sus padres saben qué es lo mejor para ellos y puedan fiarse.

Pero si os ven dudar, discutir entre vosotros, o cambiar de opinión constantemente, ¿qué idea crees que pueden formarse?, ¿piensas que pueden crecer seguros si ni sus padres se aclaran sobre la forma de educarles?

Es imprescindible que os toméis el tiempo necesario para determinar las bases de comunicación de vuestra familia, porque sobre ellas se sustentarán todas las acciones que llevéis a cabo.

De esta manera, al estar convencidos de vuestras prioridades, seréis también más convincentes con vuestros hijos, ya que podrán percibir la claridad y determinación de vuestras ideas.

El siguiente paso es hacérselo saber de forma clara y sencilla, subrayando el hecho de que las normas no son imposiciones, sino reglas necesarias para que en vuestra casa reine la paz y la alegría, se respeten las necesidades y sentimientos de todo el mundo y se busque juntos la solución a los problemas.

Por ejemplo, **un buen mapa a seguir podría ser**:

- Hay un horario para cenar toda la familia junta, momento en el cual se habla de las experiencias que cada uno ha vivido a lo largo del día y no hay distractores como televisión o móviles, sino que se presta atención exclusiva a la comunicación. Si es posible por cuestión de horarios, sería interesante hacerlo también en el desayuno.

- Cada miembro de la familia se ocupa de recoger sus propias cosas y en base a la edad de los niños se les pueden asignar tareas domésticas como recoger la compra, hacer algún tipo de limpieza, ordenar y limpiar su habitación... etc. Esto fomenta el sentido de responsabilidad y respeto hacia los padres que ya trabajan fuera de casa y realizan su aportación económica a la familia.

- Se respetan las opiniones y sentimientos de cada miembro de la familia, y no se utilizan palabras despectivas o insultos sino que se trata con dignidad a todos.

- Se establece una ocasión semanal para programar los asuntos importantes de la familia, en la que participan también los niños y se les hace partícipes de las decisiones que habéis tomado.

Este es un ejemplo en base a mis valores, pero lo importante es que lo elabores tú en base a los valores de vuestra familia.

Te pido que tomes tu cuaderno y hagas una lista de todas aquellas cosas que te parecen indispensables para vuestro bienestar. Todo aquello que hacéis pero podría mejorar, y las cosas que todavía no estáis aplicando. ¿Lo hiciste?

Muy bien, ahora te pido que cuando tengas ocasión, comuniques todo lo que has escrito a tu pareja y habléis sobre el tema, de forma que podáis establecer con claridad vuestro propio mapa familiar.

Obviamente en este mapa cuentan también vuestros comportamientos. No se espera solo que los niños se comporten bien, sino que vosotros mismos seáis el ejemplo de aquello que estáis pidiendo.

Debéis ser honestos e íntegros para que el sistema funcione, de lo contrario si los niños se dan cuenta de que ni vosotros respetáis esas normas, terminarán por no hacerlo tampoco.

En muchas ocasiones, los niños no obedecen, para empezar porque ni sus padres tienen claro lo que se esperan de ellos, y no han sabido comunicárselo.

Si un niño no sabe lo que sus padres se esperan de él, actúa por fallo y error, es decir va haciendo pruebas hasta que al final encuentra la manera de llamar la atención de sus padres.

En otros casos, se tiende a decir al niño únicamente lo que no se espera de él, es decir se resalta lo negativo de su comportamiento, y a menudo persiste esta conducta porque es la manera de llamar la atención de sus padres, cuando existen otras necesidades no satisfechas, como el cariño y la atención por ejemplo.

Los niños buscan simplemente el amor y aprobación de sus padres, así que te puedo asegurar que si un niño tiene cubiertas sus necesidades afectivas, y además se le comunica de forma clara y explícita lo que se espera de él, en general no tiene motivos para no obedecer.

La rivalidad entre hermanos

Suele decirse que la envidia entre hermanos es natural, pero me gustaría analizar el tema desde un enfoque distinto al que se le ha dado normalmente.

Si bien es cierto que las discusiones entre hermanos sean parte del crecimiento, ya que son los primeros "amigos" de nuestros hijos con los que aprenden a socializar y compartir sus cosas, tienes que pararte a observar si de alguna manera tu forma de comunicar con ellos está influyendo en esas peleas.

Con esto quiero decir que es importante analizar, como te propuse en capítulos anteriores, el lenguaje que utilizas con tus hijos, si haces normalmente comparaciones: " tu hermano se porta mejor que tú", o utilizas generalizaciones: "siempre acabáis haciendo lo mismo".

Todo esto puede influir en su relación y en las envidias que surgen por obtener la atención exclusiva de mamá y papá.

Los niños adoran a sus hermanos pero hay que reconocer que son una competencia directa por el amor de sus padres.

Cuando nace un hermanito, normalmente el niño se siente desorientado, y aunque le entusiasme la idea de tener un compañero de juegos, no deja de ser un intruso que le ha robado la dedicación exclusiva de sus padres.

Todo esto se puede acentuar cuando se exige demasiado al niño repitiéndole frases como: "tienes que cuidarle porque es más pequeño que tú" o " debes ser el ejemplo para tu hermano porque eres el mayor".

Estoy de acuerdo en que hay que ayudarles a madurar y progresar en la vida, pero traspasar esta carga a un niño, especialmente si es pequeño, no me parece lo más adecuado.

Lo primero, él no ha elegido tener un hermano, y aunque lo haya pedido explícitamente por querer copiar el modelo de sus amigos o compañeros de clase, en el fondo no es consciente de lo que supone ser el hermano mayor.

En mi opinión, lo más acertado es **no presionarle y dejarle descubrir gradualmente** a aquella nueva personita que ha entrado a formar parte de su vida, y que él mismo vaya sintiendo el interés por conocerle.

De esta manera, no se sentirá forzado por el entorno, sino que será él mismo el que generará el sentido de responsabilidad y tendrá la necesidad de cuidarle y protegerle.

<u>Fíjate qué diferencia tan grande puede resultar al no realizar imposiciones limitantes en tus hijos y dejarles descubrir el mundo de manera libre</u>:

Probablemente un niño al que se le ha repetido incesantemente desde el nacimiento de su hermano que tenga cuidado, que lo cuide, que lo respete, que no le moleste cuando duerme, que lo proteja, que lo involucre en los juegos... va a desarrollar un resentimiento interno hacia él, que se manifestará en las sucesivas etapas de su desarrollo cuando entienda que es un rival que le roba la atención de sus padres, y además le viene impuesto por ellos el tratarle bien.

Sin embargo, si se acompaña al niño estando atento a sus necesidades afectivas y preguntándole cómo se siente respecto a la llegada de su hermano, y sobre todo respetando sus emociones, sin tratar de cambiarlas, poco a poco le permites hacerse una idea propia sobre lo que significa ser el hermano mayor.

Descubre por sí mismo la satisfacción que conlleva ayudar a su hermano a hacer algo, protegerle de un peligro o compartir sus juguetes.

A los niños no les gustan las imposiciones, así como no nos gustan a los adultos, ¿no es cierto? Entonces, ¿porqué continuamos a utilizarlas con nuestros hijos?

Sería más apropiado permitirles realizar los descubrimientos a su propio ritmo y no con el nuestro.

Otro aspecto que influye en las discusiones entre hermanos es la importancia que se da a uno o a otro. Tienes que prestar suma atención al lenguaje que utilizas, de manera que no nazcan envidias o celos al pensar que mamá o papá quieren más al otro que a ellos mismos.

A veces de manera inconsciente haces comentarios comparativos, porque en el fondo es el modelo que nos transmitieron a la mayoría de nosotros.

Imagina que uno de tus hijos se niega a recoger su ropa mientras el otro ha cumplido con sus tareas.

El primero está tratando de ponerte a prueba para ver cómo reaccionas. Si no asumes el papel de adulto consciente, puede que casi sin darte cuenta termines diciendo frases como: "Fíjate en tu hermana como recoge sus cosas, no como tú que dejas todo por el medio"

Te arrepientes, pero quizás cuando tratas de remediar es tarde porque tu hijo ya ha interiorizado el mensaje: "mamá y papá prefieren a mi hermana que a mí"

En vez de eso, trata de recordarles los recursos internos de los que disponen, sin hacer comparaciones limitantes que pueden disminuir su autoestima y generar una rivalidad innecesaria.

Un comentario más constructivo en este caso podría ser: "¿Porqué no pruebas a recoger la habitación como tú sabes y así la dejas igual de ordenada que tu hermana?"

Recuerda siempre ponerte en su lugar y pensar en cómo te sentirías si fueras un niño de su edad. En el fondo, como bien sabes, ese niño existe dentro de ti, así que piensa de qué manera reaccionaría tu niño interior si le trataras con comparaciones.

Esfuérzate por sentir en tu interior esa sensación y verás cómo te resulta más fácil respetar su integridad, por mucho que te esté haciendo perder la paciencia en ese momento tu hijo.

La verdadera habilidad de un buen padre y una buena madre es superar sus propios límites mentales para dar lo mejor de sí mismo a sus hijos.

En caso contrario, ¿qué esfuerzo estás haciendo realmente para ofrecerles una infancia libre de todos los límites que transmitieron a ti?

Realmente ninguno, porque dejarse llevar por la programación mental es lo más cómodo, pero déjame decirte que es también lo más contraproducente, porque todo eso acaba pasando factura al cabo del tiempo.

Un niño es como una mariposa en el viento, algunos vuelan más alto que otros, pero cada uno lo hace lo mejor que puede.

¡No los compares! Porque cada uno es único y especial.

¿Porqué no pruebas a incentivarles para colaborar entre ellos, fomentando de esa forma el cariño que se tienen y demostrándoles que les amas de la misma manera?

Una buena técnica podría ser realizar alguna actividad en equipo, de forma que tus hijos sientan que la familia es el lugar donde se sienten protegidos, amados y respetados. Esta sensación de pertenencia les lleva a respetarse mutuamente y preocuparse por el bienestar del otro.

Por ejemplo: hacer la compra juntos asignando a cada uno una tarea distinta, les puede hacer sentir útiles a la vez que se dan cuenta de que colaborando entre ellos pueden conseguir mejores resultados.

Trata de organizar actividades en las que cooperen entre ellos para que sean conscientes de que se necesitan y son más fuertes cuando colaboran que cuando discuten. La idea es que seas el precursor de estas iniciativas y fomentes los momentos felices.

En vez de estar haciendo siempre de intermediario o pacificador, trata de motivarles y crear ocasiones de cooperación.

Esto les ayuda no solo a respetar a sus hermanos y a sí mismos, sino a aprender un modelo de comportamiento que utilizarán en otras áreas, porque como bien sabes la familia es un campo de entrenamiento para su vida.

Si lo enfocas bien, aprendes a manejar adecuadamente tu vocabulario y te esfuerzas por ser paciente, te aseguro que puedes obtener muy buenos resultados y transformar las discusiones de tus hijos en oportunidades de colaboración y de aprendizaje.

El acoso escolar

El bulliyng o acoso escolar siempre ha existido, solo que nunca se le había dado un nombre hasta hace unos años y no se le había prestado la suficiente atención. Por fin los expertos entendieron que este tipo de abusos físicos y psicológicos pueden marcar definitivamente la vida de un niño.

Desgraciadamente, no puedes garantizar que tu hijo no vaya a ser una víctima de acoso escolar, porque no eres omnipresente, y sobre todo porque no puedes saber lo que está viviendo en el colegio si no te lo cuenta de manera explícita.

Pero sí hay una serie de cosas que puedes hacer para detectar si está ocurriendo algo raro, sin la necesidad de convertirte en un espía, lo cual pondría en riesgo la confianza de tu hijo hacia ti:

- Observa sus reacciones y estados de humor cuando le preguntas cómo le ha ido en la escuela. Si notas que de repente se pone triste o se encierra en sí mismo, tienes ante ti una señal de alarma para indagar más profundamente.

- De vez en cuando invita a sus amigos a pasar un rato en vuestra casa y de manera discreta observa sus dinámicas: qué lenguaje utilizan, cómo se relaciona tu hijo con ellos, qué posición adopta... de manera que puedas entender el tipo de relación que tiene con sus iguales.

- Trata de comunicar de manera indirecta con él para averiguar más sobre su estado emocional, sin presionarlo ni hacerle un interrogatorio, sino haciéndole ver que puede confiar en ti. Puedes decirle algo como: "para mí lo más importante es tu bienestar y puedes contarme cualquier cosa que te preocupe o te haga sentir mal. No te voy a juzgar, solo te escucharé y trataré de ofrecerte mi ayuda para que te sientas mejor y juntos encontrar la solución a tus problemas."

Puede que al principio no se abra, dependiendo de su carácter, pero si sabe que puede contar contigo, acabará por contarte aquello que le preocupa.

<u>Es fundamental que estés muy pendiente de los estados emocionales de tus hijos y que intervengas lo antes posible si notas alguna anomalía</u>, ya que muchas veces las víctimas de acoso escolar se avergüenzan y se culpan a sí mismas, tratando de ocultarlo a sus padres.

En ese caso, debes ofrecerle tu apoyo más sincero de manera que pueda abrirse y mostrarte las heridas de su corazón, y juntos podáis recomponerlo.

En los casos de abuso escolar hay que actuar de inmediato, porque de lo contrario el daño puede ser irreversible, y además es necesario denunciar al colegio o a la institución pertinente el maltrato para que no se extienda a otros niños.

Como método preventivo, puedes ayudarle a afianzar su autoestima y su poder personal haciéndole anclarse a aquellos aspectos más fuertes de su personalidad, aquello en lo que se siente invencible.

De esta manera, te cercioras de que no sea una presa fácil de abusos al estar seguro de sus capacidades y así pueda denunciarlo más fácilmente sin sentirse avergonzado o intimidado.

Normalmente las víctimas de acoso escolar suelen ser más débiles y tímidos que los demás, por eso los acosadores se aprovechan de ellos.

Por tanto, **un factor protectivo muy importante es que tu hijo posea una buena autoestima y esté seguro de sus capacidades**. De esa forma, será menos vulnerable ante los ataques de los posibles "acosadores" y estos dejarán de molestarle al ver que no es presa fácil.

En cualquier caso ten en cuenta que muchas veces los casos de acoso vienen efectuados incluso por el mismo grupo de amigos y puede que el niño no quiera acusarles, así que estar atento a cualquier comportamiento fuera de lo común es de vital importancia a la hora de detectar este tipo de situaciones.

La labor de un padre y una madre conscientes es dejar a sus hijos realizar en libertad sus propias experiencias, y supervisar sus estados emocionales con discrección estando siempre dispuestos a escucharles sin emitir juicios y ofrecerles la ayuda necesaria.

Rabia y enfados.

La rabia es un síntoma de una fuerte emoción como sentirse incomprendido o o no sentirse amado o respetado por alguien importante. Hay dos tipos de rabia:

- **La rabia externa**: es aquella que el niño manifiesta de manera notoria mediante gritos, lloros o golpes. No se puede ignorar y esto permite gestionarla adecuadamente aplicando las herramientas necesarias que ya hemos visto en los libros anteriores.

- **La rabia interna:** se trata de un malestar que no ha sido expresado explícitamente, y que el niño puede llegar a demostrar mintiendo, robando, desobedeciendo, acosando a otros niños o incluso presentando casos de enuresis y encopresis.

Este caso es mucho más delicado que el anterior si no se llega a detectar a tiempo llevando a cabo una intervención, ya que estos comportamientos se podrían esconder y volverse un modelo con el tiempo. En los casos en los que perdura en la adolescencia, se podrían producir conductas autodestructivas o antisociales como refugiarse en la droga o el alcohol para ahogar ese malestar interno.

Los niños normalmente se enfadan cuando se sienten incomprendidos y no obtienen el amor de sus padres, el cual necesitan para sentirse bien consigo mismos.

Esto suele suceder en periodos de cambio como el nacimiento de un hermano/a, un proceso de divorcio o separación, o cualquier otra situación de transformación familiar.

En estos momentos de estrés y cambio en la familia, puede ser difícil encontrar el tiempo y la energía para dedicarte a tus hijos, los cuales en un intento desesperado por llamar la atención de sus padres, expresan su malestar en forma de rabia.

En las situaciones en las que tu hijo pierde el control, lo más adecuado es mantener la calma y no dejarte llevar emocionalmente por la situación.

En vez de eso trata de desidentificarte de esa escena tratando de comprender el origen de esa reacción de tu hijo, de forma que puedas ayudarle a recuperar la confianza en sí mismo y encontrar los recursos que necesita para resolver de manera autónoma esa situación.

Querido lector, estamos a punto de terminar la tercera parte del libro y **me gustaría hacer un recorrido por todos los puntos más relevantes para fijar bien los conceptos** que te pueden resultar más útiles en tu maravilloso viaje:

- ✓ La etapa que va de los 7 a los 10 años supone una fase de mayor tranquilidad, al haber superado muchos límites de las fases anteriores, y por tanto el niño se halla en disposición de realizar numerosos progresos.

- ✓ Se desarrolla el pensamiento analítico del niño, el cual empieza a ser más consciente de la realidad y a formarse una idea concreta de sí mismo, de manera que supone una buena oportunidad para instaurar una comunicación abierta y realizar un trabajo de gestión emocional.

- ✓ Respeta la esencia de tu hijo y no te centres en lo que no se le da bien, sino en aquello que ama y hace bien de forma natural, porque ahí reside su verdadera fuerza. Hazle saber todas las aptitudes que posee y ayúdale a fomentarlas.

- ✓ Preocúpate más por la felicidad de tu hijo que por su rendimiento académico, ya que a menudo el sistema educativo no premia la creatividad y está basado en un método de valoración limitante.

- ✓ Déjale ser niño y preocúpate por conocer sus intereses reales sin exigirle más de lo que es capaz de dar.

- ✓ Respeta la integridad del niño y valóralo por lo que es, sin tratar de modificar su naturaleza para que encaje en la sociedad.

- ✓ Sigue una línea lógica en las decisiones y haz saber a los niños cuál es la dirección a seguir en todo momento. Sé coherente y promueve con tu propio ejemplo el comportamiento que deseas ver en tus hijos.

- ✓ Aprende a regular tu lenguaje para no crear diferencias entre tus hijos y desencadenar rivalidad o envidia. Por el contrario, motívales a colaborar entre ellos de manera que se refuerce el sentimiento de pertenencia a la familia y sean conscientes de que son más fuertes permaneciendo unidos que separados.

- ✓ Ayuda a tus hijos a resolver sus conflictos utilizando sus propios recursos internos, de manera que aprendan a ser autónomos y sepan defenderse ante situaciones complicadas como el acoso escolar.

En definitiva, es una fase en la que es fundamental establecer las bases adecuadas para la etapa que sigue. **Es necesario haber creado un diálogo abierto y que el niño sepa que puede confiar en sus padres**, ya que pase lo que pase no le juzgarán sino que le darán su apoyo incondicional.

Asímismo, **es fundamental que el niño disponga de una buena autoestima y autocontrol**, y sea consciente de los recursos internos que posee para tomar decisiones y resolver de forma autónoma los problemas que se le presenten.

A partir de los 11-12 años, el niño entra en la pubertad, con lo que puede resultar más complicado instaurar una comunicación abierta o ganarse su confianza, ya que entran en juego factores hormonales y adaptativos.

Así que definitivamente, lo más adecuado sin duda sería entrar en la adolescencia con unos buenos valores familiares, de manera que tu hijo no te cierre las puertas a su corazón, sino que tenga en cuenta tu ayuda y tus opiniones.

A continuación querido lector, vamos a sumergirnos en uno de los temas más delicados y controvertidos de la vida del niño, y que nos asusta a la mayoría de los padres.

Mi objetivo es ofrecerte una óptica diferente a la tradicional y que entiendas que, haciendo las cosas de la manera adecuada, la situación no debería ser tan dramática como nos han dado a entender culturalmente.

No te vayas, porque tengo muchas cosas que contarte todavía. Te espero en las siguientes páginas...

PARTE 4. ¿DÓNDE ESTA MI HIJO?
12-17 años

LOS CAMBIOS DEL NIÑO

"Siempre hay un momento en la infancia cuando la puerta se abre y deja entrar al futuro"

(Graham Greene)

La adolescencia es la fase de transición entre la niñez y la juventud, y la cantidad de cambios físicos, cognitivos, sociales y emocionales por los que pasa el niño, pueden desconcertar a la familia. Por eso es fundamental que entiendas lo que puedes esperar en esta etapa, de manera que promuevas el desarrollo saludable de tus hijos sin caer en los errores más comunes que los padres cometen normalmente.

Hay que distinguir tres fases principalmente:

La pre-adolescencia, entre los 11 y 13 años

Es una fase caracterizada por una serie de cambios físicos: aparición de vello en las axilas y la zona genital, llegada de la menstruación en las niñas, desarrollo de los senos y testículos...etc.

Se pueden sentir cohibidos por su apariencia, por lo que tienes que ser sumamente cuidadoso con las palabras que utilizas al referirte a ellos y a su aspecto físico.

En esta fase tus hijos buscan una mayor privacidad y empiezan a solicitar su propia intimidad. Dejan de querer pasar tanto tiempo en familia, y prefieren estar solos en su habitación

La adolescencia media, de los 14 a los 17.

Los cambios físicos continúan en esta fase y es posible que aparezca el acné. Las niñas suelen estar completamente desarrolladas alrededor de los 14 años y la mayoría ha tenido su primera menstruación.

A los niños se les quiebra la voz y comienza a agravarse el timbre. Suelen comenzar a interesarse por explorar la sexualidad y conocer su propio cuerpo mediante la masturbación.

Es una fase en la que chicos y chicas, reivindican su independencia y pueden surgir discusiones con los padres. Su mayor prioridad es pasar más tiempo con sus iguales y "sentirse aceptados por la manada".

Su cerebro ha madurado bastante en esta etapa, aunque todavía no funciona como el de un adulto, por lo que no esperes que tu hijo sea capaz de razonar en los mismos términos que lo haces tú solo porque se ha desarrollado físicamente.

La adolescencia tardía, de los 18 a los 21 (o

más...)

Esta fase aunque no la vamos a analizar, merece ser mencionada por el importante cambio que supone para el joven a nivel cognitivo, ya que posee un sentido más firme de su propia individualidad y tiene claros sus propios valores.

Supone un alejamiento a nivel emocional y físico de la familia, al intentar buscar su lugar en el mundo, pero a la vez se trata de un buen momento para reestablecer una relación con sus padres desde una perspectiva más madura.

¿Cómo puedo ayudar a mi hijo a atravesar la adolescencia?

Puede que la actitud de tu hijo te haga pensar que no tiene en cuenta tus opiniones, y que solo le importan sus amigos, pero en el fondo no es así.

Necesita más que nunca el apoyo de sus padres en esta fase de intensos cambios físicos, emocionales y sociales. Algunas de las cosas que puedes hacer para mostrarle tu comprensión y cariño son:

Explicarle abiertamente y de manera natural que todos los cambios físicos y hormonales por los que va a pasar son completamente necesarios y saludables.

A los chicos se les puede hablar de manera directa sobre el instinto sexual y hacerle entender que no debe avergonzarse por algo tan natural, y sobre todo explicarle la manera más adecuada y saludable para hacerlo.

A las chicas sin embargo, se les puede ayudar a enfocar mejor todos los cambios físicos por los que están pasando, explicándoles que es normal sentirse a veces un poco insegura sobre su aspecto y que se compare con sus amigas. Lo importante es que entienda que su verdadero valor no depende solo de su físico, sino que es mucho más que una cara bonita y un buen físico.

Mantener conversaciones positivas sobre temas de su interés como la sexualidad, las formas de diversión y las relaciones, puede ayudarte a acercarte emocionalmente a tu hijo y entender cómo piensa y cómo se siente en cada ocasión, además que se sentirá halagado de saber que sus padres se interesan por aquello que le preocupa.

Muéstrale tu apoyo incondicional y mantén un tono positivo cuando te dirijas a él o ella, resaltando sus fortalezas y celebrando sus éxitos, de manera que se sienta comprendido y querido.

Respeta su individualidad y sus necesidades de independencia, aceptando que ya no es un niño pequeño y necesita su propio espacio personal. Procura no entrar a su habitación sin pedir permiso y no trates de cotillear sus objetos personales para obtener información, ya que si lo descubre, dejará de contarte cualquier cosa.

Más bien, trata de ganarte su confianza y permite que decida aquello que quiere hacerte saber y lo que prefiere mantener reservado.

Al fin y al cabo, ¿le contabas todo a tus padres cuando eras un adolescente?, ¿no verdad?.

Entonces asume que tu hijo empiece a tener sus "secretos" a los que no podrás acceder casi con total seguridad.

Háblale de forma clara sobre las consecuencias de los comportamientos negligentes, como el uso de alcohol y drogas, mantener relaciones sexuales sin protección...etc

Sobre estos aspectos y mucho más vamos a seguir hablando en los siguientes capítulos. Quédate conmigo porque te interesa lo que viene a continuación...

16

¿CÓMO NOS VAMOS A ENTENDER?

"El problema más grande de la comunicación es la ilusión de que esta ha tenido lugar"

(George Bernard Shaw)

Lo primero que debes tener en cuenta para comunicar de forma efectiva con tus hijos en esta fase es que ambos percibís el mundo de manera diferente, de forma que para entenderos, tendrás que usar este conocimiento a tu favor.

Para tu hijo en esta fase lo más importante son sus amistades y su mundo adolescente. **No significa que ya no te quiera ni le importes,** sino que debido a cambios evolutivos, necesita sentirse aceptado y querido por sus semejantes, pero **el amor y el apoyo de sus padres sigue siendo la base de su equilibrio emocional**.

Deberás armarte de paciencia y amor y no tomarte ninguna de sus reacciones como algo personal, por difícil que te parezca. El niño o la niña que un tiempo atrás necesitaba tus abrazos y tus consejos, de repente se encierra en su habitación y te da con la puerta en las narices.

¿Porqué me trata así mi hijo después de todos los sacrificios que he hecho por él?

Es lo primero que se suele pensar en estos casos, pero ahora te hago otra pregunta: ¿cómo eras tú de adolescente?.¿Acaso no hacías lo mismo, o incluso cosas peores?

Trata de ponerte en su lugar y acepta que es una fase necesaria, que antes o después terminará.

> **Simplemente tienes que permanecer a su lado, tratando de apoyarle y contenerle, respetando su individualidad y su espacio personal.**

Puede que se cree una brecha entre padres e hijos en esta fase, porque los padres no reconocen a sus propios hijos en sus nuevas modalidades de comportamiento, y estos empiezan a ver a sus padres desde otro punto de vista: papá y mamá ya no son el héroe y el hada madrina de hace un tiempo, sino que son la figura autoritaria a la que tienen que convencer para poder hacer lo que desean.

No obstante, hay una serie de trucos que puedes utilizar para **comunicar mejor con tu hijo y ganarte su confianza:**

- **Estudia su entorno** e interésate por la música que escucha, los programas que ve o las figuras a las que sigue por redes sociales, de forma que tengas una referencia a la hora de entender su visión de las cosas. Es importante hablar el mismo idioma, ya que los adolescentes suelen pensar que sus padres no son capaces de entrar en su mundo y entender su lenguaje o los temas que les interesan.

- **Encuentra argumentos que le hagan reir** y trata de introducirlos en vuestras conversaciones, de manera que se sienta a gusto hablando contigo. A los adolescentes les encanta bromear y si utilizas el humor para captar su atención, pensará que al fin y al cabo sus padres son también personas con las que "mola" hablar.

- **Recuérdale sus fortalezas** y el talento que posee, ya que es una fase en la que aunque quieran aparentar que son fuertes y seguros de sí mismos, en realidad dudan de sus propias capacidades y se comparan a menudo con sus semejantes, infravalorando sus propias potencialidades. Debes ser tú quien le recuerde su valor y le ayude a utilizar su fuerza interior para lograr sus objetivos.

- **Intenta buscar la intención positiva** en sus comportamientos negativos. Recuerda que aunque haya crecido y reclame su independencia, sigue necesitando tu amor y comprensión. Quizás ahora la necesita más que nunca, así que muéstrale tu amor tratando de recontextualizar sus reacciones como oportunidades de negociación.

- **No utilices nunca presuposiciones** como "no te importa lo que pienso" o " crees que lo sabes todo", porque en realidad a tu hijo le importa lo que piensas, y se da cuenta de que no lo puede saber todo. Simplemente han cambiado las prioridades en su vida y debes aceptar que es una fase necesaria en su correcto desarrollo.

- **Crea ocasiones para pasar tiempo con tu hijo**, como ir al cine a ver una película que le guste o acompañarlo a un concierto. No todo tienen que ser negociaciones, sino que también podéis disfrutar de vuestra compañía y aprovechar las aficiones que tenéis en común. Seguro que agradece pasar algo de tiempo con sus padres haciendo aquello que realmente le gusta.

- **Mantén una actitud positiva y muestra curiosidad por sus intereses** en vez de criticarlo y recuerda que tú también fuiste adolescente un día. De esta manera dejarás de verlo como un alienígena y serás capaz de recordar cómo te sentías a su edad.

- **Y sobre todo, díle que le amas siempre que tengas ocasión**. No esperes que te corresponda, porque es una fase en la que sus sentimientos son confusos y no les suele gustar demostrar el cariño a sus padres, pero te puedo garantizar que tener la certeza de tu amor incondicional le hará sentirse mucho más fuerte y seguro de sí mismo, aunque no te lo diga o te lo demuestre.

¡Fantástico! Hemos llegado a un buen punto del libro, en el siguiente capítulo voy a desvelarte algunos de los secretos mejor guardados sobre uno de los temas que más nos quita el sueño a los padres. Dale la vuelta a la página y lo descubrirás...

17

HABLEMOS DE SEXO

"El sexo sin amor solo alivia el abismo que existe entre dos seres humanos de forma momentánea"

(Erich Fromm)

Hemos llegado quizás a la parte más controvertida de todo el libro, y espero ayudarte a cambiar el enfoque sobre este tema para poder ayudar a tus hijos a recibir una educación sexual adecuada.

La verdad es que a los padres nos cuesta hablar sobre sexualidad con nuestros hijos, porque a nosotros nadie nos lo explicó de la manera adecuada y tenemos cierto pudor a tocar el tema, sobre todo porque llegados a cierta edad, nos da miedo que puedan saber más cosas que nosotros.

<u>Pero el sentido es mucho más profundo y desvela ciertas carencias emocionales que tuvimos en nuestro día</u> y si lo piensas, en realidad la sociedad nos llevó a

hacer una serie de asociaciones mentales pensando en el sexo como algo "sucio" o "prohibido".

La mayoría de los hombres terminaron por descubrir los detalles del acto sexual a través de pornografía y esto provocó una desviación del valor auténtico del sexo.

La mujeres, algunas lo descubrieron por sí mismas, otras tratando de sentirse aceptadas por el sistema el cual impone que a una cierta edad no puedes ser virgen, fueron en contra de sus propios principios forzando algo tan especial y único como es el primer encuentro sexual.

No me extenderé en analizar los orígenes de nuestras creencias culturales respecto al sexo, pero sí quiero que entiendas que <u>si hoy en día los padres nos preocupamos por el panorama con el que se encuentran nuestros hijos al entrar en la adolescencia, tal vez deberíamos preguntarnos de dónde viene todo eso.</u>

No hay que ser hipócritas y versar toda la culpa contra los jóvenes, ya que si existe la realidad actual, es simplemente porque la sociedad en su conjunto ha promovido y consentido esos valores, o más bien la falta de ellos.

No nos podemos echar las manos a la cabeza cuando vemos videos virales en Youtube de adolescentes manteniendo relaciones sexuales abiertamente, porque es precisamente la sociedad la que los ha impulsado a hacer esas cosas.

¿Qué tipos de programas y películas han visto esos adolescentes durante toda su vida? ¿Qué ídolos tienen y qué influencia suponen para su vida?

No es de extrañar que si un niño ha presenciado toda su vida escenas de sexo comercial, tiene a su alcance todo el material pornográfico que desea y nadie le explica el verdadero sentido de una relación sexual, va a terminar por sacar sus propias conclusiones e imitar los ejemplos de aquellas figuras públicas a las que admira, que con todo el respeto, la mayoría de las veces no se trata precisamente de referencias positivas.

Antes de abordar la cuestión de cómo afrontar el tema de la sexualidad con tus hijos, me gustaría realizar un análisis del marco cultural actual, para determinar con precisión la base de la que partes.

Te pido que analices el panorama social y valores de qué manera influye sobre la idea que pueden hacerse los adolescentes sobre las relaciones sexuales y el amor.

Vivimos en una sociedad en la que todos los medios indican que lo que importa es la imagen, lo cual denota la pérdida de valores éticos y morales del mundo.

La sexualización del cuerpo está tan difundida, que ya casi ni se presta atención a un cuerpo desnudo o a una escena erótica, porque se ha vuelto algo completamente común.

Si no se imparten los valores adecuados en la familia, a la edad de 14 o 15 años los chicos han aprendido de la sociedad la idea de que las mujeres son objetos sexuales para su satisfacción personal, y muchas chicas se entregan fácilmente por el gusto de sentirse deseadas.

Los medios de comunicación y el cine han provocado una gran desinformación sobre el sexo y han desvalorizado totalmente su concepto.

Lo cierto es que los padres, en su gran mayoría no han hecho gran cosa por remediar este decline de las futuras generaciones, asumiendo que "es lo que hay", porque "el mundo está cada vez peor". Lo primero que deberías preguntarte antes de hacer ninguna suposición es:

¿Qué le estoy enseñando a mis hijos sobre lo que es ser un hombre o una mujer?

Ser hombre no se mide en función del número de mujeres con las que te has acostado, ni ser mujer se basa en cuántos hombres has excitado. Hay que promover la buena información y el respeto en la propia familia.

Es necesario que los niños dispongan de ejemplos de relaciones sanas, en las que el hombre y la mujer tengan los mismos derechos y sus relaciones sexuales se basen en el amor y el respeto mutuos.

Si no le proporcionas la información adecuada a tus hijos, tarde o temprano irán a buscar la respuesta en sus amigos, en las redes sociales o en programas televisivos.

En ese caso, ¿qué idea crees que se puede formar un adolescente sobre su propio cuerpo y el del sexo opuesto? Seguramente no la misma que le puedes dar en casa.

Es necesario que ofrezcas a tus hijos un entorno familiar en el que sea normal hablar de sexualidad, con sinceridad, sin prejuicios ni estereotipos.

Es normal que sientas incertidumbre ante la idea de que tu hijo tenga su primera relación sexual, pero piensa que tarde o temprano acabará sucediendo, y negarlo u ocultarlo no le va a ayudar en absoluto.

En los casos en los que se habla de educación sexual en la familia normalmente se tiende a resaltar solamente los aspectos negativos, como la prevención de embarazos indeseados y de enfermedades de transmisión sexual a través del uso de preservativos, pero ¿qué hay de la parte emocional y psicológica vinculada al acto sexual?

Apoyo emocional

El hecho es que los adolescentes buscan sentirse amados en el sexo. Y por eso cada vez se inician antes las relaciones sexuales. Según un estudio de la Universidad de Granada, los jóvenes españoles tienen su primera relación sexual en torno a los 15 años.

Muchos adolescentes de hoy en día buscan el amor que no encuentran en sus padres, en relaciones precoces de las que no conocen las consecuencias que pueden tener en su vida.

Es de vital importancia explicar a tus hijos las repercusiones que puede tener en su vida una mala decisión, por ejemplo tener una relación sexual sin protección y que termine en un embarazo no deseado o en los peores casos en la contracción de una ETS.

Pero más allá de estos aspectos, es necesario transmitir a los hijos el significado auténtico de una relación sexual entre dos personas y los efectos psicológicos que puede tener cuando se realiza de forma mecánica o forzada.

Una relación sexual debería ser la consecuencia del amor de dos personas, como demostración del cariño y el respeto mutuo que se tienen.

Debería realizarse siempre en pleno control de las facultades mentales y con el consentimiento de ambas partes. Y por supuesto no deben sentirse obligados a hacer cosas que no quieren hacer solo por complacer a la otra persona, ya que esto es un atentado contra su propia integridad.

El regalo más preciado que debes dar a tus hijos es la libertad. Por tanto, no podrás controlar lo que hagan ni por supuesto cuando vayan a tener su primera relación sexual.

<u>Lo que sí puedes hacer es proporcionarles una buena base emocional para que puedan recurrir a su amor propio y autoestima cuando llegue la ocasión.</u>

Tu labor como padre o madre es hacerles entender que libertad no es lo mismo que "libertinaje" y que lo que los diferencia es precisamente la responsabilidad.

ENSÉÑALES A HACERSE RESPONSABLES DE SUS ACTOS.

Hazles saber que para ejercer su libertad de manera responsable tienen que respetarse a sí mismos y a la otra persona, de lo contrario se trataría de un acto irresponsable que tiene siempre consecuencias negativas, ya sea físicas que psicológicas.

Es necesario que entiendan que cuando decidan tener una relación sexual por primera vez tienen que asegurarse que es el chico o la chica adecuada, al que admiran y por el que sienten un afecto sincero, y no alguien que solamente les gusta físicamente, ya que posiblemente tras el acto se sientan vacíos, decepcionados o incluso avergonzados.

Por supuesto, infórmales de que no deben hacerlo bajo el efecto del alcohol para perder la vergüenza, ya que se estaría desvirtuando el sentido real de la experiencia, y que tienen que elegir un lugar íntimo y digno, para respetar la integridad de ambos.

Explícales las consecuencias tanto psicológicas como físicas que puede tener un comportamiento negligente a la hora de tener una relación sexual.

Un embarazo no deseado termina la mayoría de los casos en aborto, con los terribles daños mentales y emocionales que conlleva, así como un riesgo para la salud de la chica.

Las enfermedades de transmisión sexual como el sida, lejos de ser una leyenda de los años 80, provocan millones de muertes al año en el mundo.

Si tu hijo es un chico, enséñale a tratar con cariño y respeto a las chicas. Más allá de su instinto sexual, hazle saber que es capaz de tratarlas como se merecen, respetando su integridad física y emocional.

Si es una chica, recuérdale el valor que tiene, no solo por su físico, sino por ser cómo es. Ayúdale a entender que no tiene que entregarse a un chico solo porque a este le guste su aspecto, sino que se asegure de que la respeta por ser quien es.

Tu deber es tutelar su bienestar emocional, no solo protegerles de embarazos y enfermedades. Si hablas abiertamente sobre estos temas con tus hijos, habiendo construido en los años anteriores una relación de confianza, ten por seguro que van a tener muy en cuenta tus consejos cuando llegue el momento.

Los adolescentes necesitan guías y referencias adecuadas para saber cómo comportarse en sus relaciones, aunque es normal que experimenten a su manera.

Cuanta más información y apoyo les proporciones, más podrán disfrutar de sus relaciones de manera responsable, equilibrada y respetuosa.

Si en casa reciben un ejemplo adecuado, viendo que sus padres se aman y se respetan, pueden formarse una idea adecuada sobre las relaciones en general y el sexo en particular.

En mi opinión, **es necesario explicar abiertamente a los niños el sentido del acto sexual**, poniendo vuestro ejemplo concreto para que se hagan una idea real de una pareja que se ama.

No es necesario entrar en detalles claramente, pero sí creo que sea relevante hacerles entender que si hay amor, habrá sexo seguramente, pero no quiere decir que si hay sexo haya amor.

Necesitan entender que acostarse con un chico o una chica, sin apenas conocer a la otra persona no puede ser nunca amor. El amor se basa en el respeto y la admiración de la otra persona, y el sexo es una consecuencia natural de esa fuerte unión emocional y física.

Si solo existe atracción física, no estamos hablando de amor, por tanto se trata de un mero acto sexual destinado a satisfacer una necesidad biológica (especialmente en el caso de los chicos) y a producir un placer pasajero.

Si disponen de este conocimiento, pueden basar sus decisiones en información mucho más real y concreta de la que van a encontrar en el instituto, en internet o la que le vaya a proporcionar algún semejante.

Amar a tus hijos es darles la educación correcta y proporcionarles las herramientas adecuadas para que sepan elegir bien, ya que no podrás protegerlos eternamente, ni ir detrás de ellos para controlar lo que hacen.

Lo único que está en tu mano es ofrecerles un sistema de valores que les hagan crecer fuertes y seguros de sí mismos, de manera que sepan hacer frente a todas las situaciones que la vida les presente sin poner en peligro su integridad física, emocional y espiritual.

Esa "brújula interior" les guiará por el buen camino cada vez que tengan que tomar decisiones importantes en su vida.

¡Te felicito! No es tarea fácil enfrentarse a estos argumentos algo incómodos, pero precisamente por el impacto que pueden tener en la vida de una persona es necesario que estés preparado y te replantees ciertas creencias en lo relativo al sexo. Abriendo la mente, abres un mundo de posibilidades para ti y para ellos.

Te espero en el próximo capítulo donde te voy a hablar de otro de los temas que más nos preocupa a los padres: los peligros de la sociedad actual.

LA INFLUENCIA DEL ENTORNO

"La educación es el arma más poderosa que puedes usar para cambiar el mundo"

(Nelson Mandela)

Sabes muy bien que los jóvenes de hoy son bombardeados constantemente por información proveniente de muchas fuentes diferentes, especialmente de las redes sociales.

En nuestra época no existía esta forma de comunicación, y a muchos padres asusta esta manera de interactuar, pero en mi opinión es necesario actualizarse y saber manejar del mismo modo que lo hacen tus hijos esas redes, de manera que puedas saber la información que circula por ellas y de qué manera puede afectarles.

Estar desinformado o permanecer totalmente ajeno a la tecnología, te aleja completamente del mundo en el que se hallan sumergidos tus hijos, y por tanto no puedes casi ni comunicar con ellos.

No quiero decir que te pongas a chatear y a usar las aplicaciones que manejan ellos, pero creo que un conocimiento general de lo que ocurre en esas plataformas es imprescindible para los padres de los adolescentes de hoy en día.

La información sobre las tendencias actuales te puede proporcionar dos ventajas fundamentales:

- Conocer los peligros reales a los que pueden estar expuestos tus hijos: drogas, alcohol, prácticas sexuales negligentes, movimientos peligrosos...

- Poder jugar de antemano explicando los riesgos y consecuencias que pueden traer ese tipo de comportamientos a los que incita el panorama actual.

No voy a analizar los innumerables peligros que existen hoy en día en las redes, desde retos para provocar autolesiones hasta movimientos malignos que incitan al suicidio. No estamos hablando de tonterías, es un tema muy serio y como padre o madre responsable es tu deber proteger a tu hijo de estos submundos oscuros.

La mayoría de las veces los adolescentes actúan por impulso, y en muchos casos copian a sus semejantes porque tienen la necesidad de sentirse amados y valorados por su grupo de amigos.

En los casos más alarmantes, hacen cosas que en realidad no desean hacer solo por sentirse aceptados por la "manada". Suele tratarse de chicos y chicas que no han recibido el amor y la atención que necesitaban por parte de sus padres, y tratan de compensarlo con el afán de pertenecer a un grupo del que se sienten formar parte.

Los adolescentes necesitan sentirse parte de "algo" para valorarse a sí mismos desde el afecto que les proporciona el grupo.

Esto supone un riesgo muy alto para un joven que posee escasa autoestima, ya que de forma evolutiva se encuentra atravesando una fase de muchas dudas, en la que se siente confundido y desorientado, y puede acabar buscando las respuestas que necesita en los lugares menos indicados como bandas, tribus urbanas o incluso movimientos de delincuencia.

¿Cómo puedo proteger a mis hijos de todos los peligros que existen hoy en día sin privarles de su libertad para experimentar?

Quizás esta sea una de las preguntas más difíciles a las que te vaya a responder en toda la trilogía. No poseo una respuesta definitiva a todos tus problemas en absoluto, pero tengo una opinión al respecto que deseo compartir contigo.

La mejor prevención se realiza en el hogar, y se trata de ofrecer a los hijos una educación integral, es decir física, mental, emocional y espiritual.

Imagina que tu hijo es como una mesa que necesita cuatro patas para sujetarse, si una falla termina por caerse. El ser humano es igual, necesita un equilibrio en todas sus dimensiones para que su vida vaya bien.

Si te concentras demasiado en un área y descuidas las demás, terminas por ser infeliz. Por eso es necesario enseñar a tus hijos a buscar siempre el equilibrio en estas cuatro dimensiones de su existencia:

Física

El movimiento es fundamental en la vida de tus hijos, especialmente en la adolescencia. Los chicos y chicas que practican deporte de forma habitual poseen un factor de protección frente a ciertos comportamientos indeseables como el consumo de drogas, el tabaco o el abuso de alcohol.

Así mismo una buena educación alimenticia es fundamental para tener una vida equilibrada y no presentar adicciones desde la más tierna infancia, como por ejemplo al azúcar, que en la adolescencia se sustituye con otro tipo de adicciones.

Mental

Es imprescindible que ayudes a tus hijos a encontrar su vocación, ya que como bien sabes su felicidad va a depender en buena parte de realizar con entusiasmo aquello para lo que han nacido. Normalmente los padres se preocupan por mejorar aquellas notas de sus hijos que no son tan buenas. ¡Error!

¿Para qué te vas a concentrar en potenciar aquello que no le gusta a tu hijo y no se le da bien? ¿No sería más inteligente reforzar aquellas asignaturas donde va mejor, porque es lo que le interesa realmente?

Según la **"teoría de las inteligencias múltiples"** de Howard Gardner, la inteligencia académica no es un factor decisivo para conocer la inteligencia de una persona.

Según su teoría, todas las personas son dueñas de cada uno de los ocho tipos de inteligencia que describe, (lingüistica, lógico-matemática,espacial,musical,corporal y cinestésica,intrapersonal, interpersonal y naturalista) aunque cada cual destaca más en unas que en otras, pero en general es necesario dominarlas todas para enfrentarse de forma adecuada a la vida.

El sistema educativo actual promociona solamente los dos primeros tipos de inteligencia, lingüística y lógico-matemática, con lo cual resulta inadecuado en educar a los niños y jóvenes al pleno de sus potencialidades.

Es de vital importancia que ayudes a tus hijos a descubrir aquello que realmente les apasione, de manera que si deciden ir a la universidad no se equivoquen de carrera, como les sucede a muchos adolescentes que impulsados por los intereses o convicciones culturales de sus padres, eligen estudios que en el fondo no les gustan, lo cual les llevará a sufrir enormes decepciones en el futuro cuando descubran que no aman el trabajo que han elegido.

Emocional

¿Cómo puedo hacer que mis hijos se sientan comprendidos, valorados, amados y seguros de sí mismos?

Una forma muy efectiva es usar el poder del reconocimiento para empoderar a tus hijos y hacerles saber la increíble fuerza que poseen para lograr todo aquello que se propongan en la vida.

Las palabras que obran milagros son: "Creo en ti, puedes hacerlo"

Díselo cuantas más veces mejor, y que no sea solo en privado, sino también delante de otras personas, de forma que entienda que no se lo dices para tranquilizarlo sino porque realmente lo piensas y lo manifiestas abiertamente.

Por supuesto el amor es otro pilar imprescindible para su bienestar. Demuéstrales tu amor, a través de tus acciones cotidianas, no solo por cómo te comportas con ellos, sino por cómo te tratas a ti mismo, a tu pareja y a los demás.

Y como bien sabes, amar no es consentir todo a tus hijos, sino saber establecer límites saludables. Los niños y adolescentes no necesitan que sus padres sean sus amigos, sino que sean sus guias y con su liderazgo supongan un modelo de comportamiento a seguir.

SÉ EL EJEMPLO DE TODO AQUELLO QUE DESEAS VER EN ELLOS

Por último, es necesario hacerles responsables de sus actos, de forma que cuando no respeten las normas de convivencia establecidas, deban responder de las consecuencias.

Espiritual

Quizás sea esta la dimensión más olvidada del ser humano. Tendemos a concentrarnos en el bienestar físico, la salud, el conocimiento, una buena gestión emocional, pero, ¿qué hay del espíritu? No solo somos un cuerpo, sino que poseemos alma y espíritu, y por tanto debemos alimentarlos si queremos vivir una existencia digna.

Alimentar la parte espiritual sirve precisamente a desarrollar la fe, algo tan inusual y olvidado en nuestros días, pero que es precisamente lo que necesitan los jóvenes de hoy en día.

Necesitan tener una esperanza y creer en algo más grande que ellos mismos, porque en caso contrario, cuando la vida les golpee y las cosas no salgan como esperaban, ¿qué es lo que harán?, ¿a qué se van a agarrar? Posiblemente cuando eso ocurra no estarás a su lado para ayudarles a levantar, sino que deberán buscar dentro de sí mismos la fuerza para salir adelante.

Si quieres ofrecer a tus hijos una vida plena y estable, es tu obligación alimentar su vida espiritual haciéndoles presente la existencia de una Fuerza Superior. Puedes llamarla Dios, Universo, Energía... no se trata de ponerle una etiqueta, sino de reconocerla y abandonarte a su protección.

Hazles entender que en la vida no todo va a depender de ellos, de lo contrario llegará un punto en el que no podrán seguir adelante con sus propias fuerzas y se sentirán muy desgraciados.

Apuesto lo que sea a que no quieres eso para ellos, ¿cierto?

Y aún así hay padres que creyéndose muy alternativos piensan que dejarán elegir a sus hijos libremente cuando sean adultos.

Bien, ¿y mientras tanto en qué van a creer? ¿En las hadas, en los ídolos televisivos o en las figuras públicas que siguen por las redes sociales?

La Vida te dio en préstamo a tus hijos para que los guíes de la manera adecuada y seas su líder dándoles la oportunidad de vivir como seres humanos evolucionados, lo que implica desarrollar también la parte espiritual.

El problema fundamental es que la mayoría de los adultos no cree en nada y esto los ha llevado a tener una visión limitada y pesimista de la vida.

¿Cómo podemos pensar el ser capaces de sobrevivir sin la ayuda de nuestro Creador?

Lo más lamentable es que, por imitación de este modelo familiar y cultural, casi ninguno de los jóvenes de hoy en día creen en nada, y esto les lleva a no tener valores, a no respetar a los demás, ni por supuesto a sí mismos.

No permitas que tus hijos acaben de la misma manera que la gran multitud y marca la diferencia en sus vidas dándoles una profunda vida espiritual, y enseñándoles la importancia de respetarse a sí mismos tanto como a los demás, para poder ser felices.

Enséñales a buscar dentro de sí mismos el inmenso poder que les une al Amor y cómo pueden ponerlo al servicio de los demás.

De esta manera, siempre dispondrán de un motivo para levantarse cuando se caigan, porque sabrán que nunca estarán solos, aún cuando ya no estés a su lado.

Espero no haberte parecido demasiado directa, pero creo que es imprescindible ofrecer a las futuras generaciones un sentido profundo de la vida y sobre todo una esperanza a la que agarrarse.

No tiene nada que ver con las creencias religiosas, aunque por supuesto la religión puede ser una manera, sino con entender que en esta vida no estamos solos, y que hay una Fuerza que nos guía en todo momento y no nos abandona nunca.

Nuestra misión como padres es dejar un mundo mejor del que encontramos, y para ello debemos ofrecer a nuestros hijos una vida con sentido, en la que sepan que ellos pueden llegar hasta cierto punto en las cosas, pero que llegará un momento en el que se tendrán que abandonar a la fe si desean vivir plenamente. ¿Me ayudas a crear un mundo de personas conscientes?

19

FOMENTAR LA RESPONSABILIDAD

"No se puede escapar de la responsabilidad del mañana evadiéndola hoy"

(Abraham Lincoln)

Responsabilizar a tus hijos de las consecuencias de sus actos, es el mayor acto de amor que puedes tener por ellos. Y digo acto de amor, porque hace falta ser generoso y desinteresado para pensar en su propio bien antes que en el tuyo.

El motivo por el que muchos padres sobreprotegen a sus hijos y nos les hacen responsables de sus actos no es porque los quieran más, sino porque les resulta más cómodo y agradable, y sobre todo porque de esa manera creen que ganan más confianza por su parte.

Cuando haces lo que más te conviene en vez de lo que es mejor para ellos aunque esto los ponga en tu contra, cedes al egoísmo.

Lo más difícil para un padre y una madre es, aún con el dolor que supone ver a tu hijo sufrir, hacerle entender que se ha equivocado y que debe asumir sus propias responsabilidades.

Supongamos que tu hijo adolescente se mete en un lío y crea un daño que no puede pagar. ¿Qué actitud sería la mejor? ¿Pagar la deuda por él o enseñarle a madurar buscándose un trabajo para reunir el dinero que necesita?

El problema surge cuando pierdes el liderazgo y te dejas dominar por los "chantajes emocionales" de tus hijos.

Ellos saben perfectamente donde te duele más, y por tanto te atacarán por ahí para tratar de salir impunes de la situación.

Tu misión en ese momento es mantenerte fiel a tus valores, y enfocarte en el objetivo final que es proporcionarles una educación adecuada.

Para eso te hace falta ser firme en tus decisiones, ya que ellos tratarán de persuadirte para hacerte cambiar de opinión.

Pero sabes que aunque en el fondo te gustaría resolverles el problema, no es lo mejor para ellos, ya que necesitan aprender a encontrar ellos mismos las soluciones y hacerse cargo de sus actos.

De la misma manera, cuando les das todo fácil, sin que entiendan el valor de lo que poseen, no los pones en condiciones de hacerse responsables de la situación.

Aunque no tengáis problemas económicos, es interesante que tengan una experiencia laboral temprana para aprender lo que significa ganar su propio sueldo.

Solo de esa manera serán capaces de darle el valor que tiene. Si reciben el dinero que desean sin esfuerzo no van a saber apreciarlo de la misma forma.

Piensa en esto:

> *"Lo que les des a los niños, los niños darán a la sociedad"*
>
> **(Karl A. Heminger)**

Si quieres que tus hijos se conviertan en adultos responsables, enséñales a asumir las consecuencias de sus actos, de manera que entiendan que en la vida a cada acción le corresponde una reacción y que todo lo que hagan, ya sea para bien o para mal, tiene un impacto en el mundo.

Tarde o temprano deberán responsabilizarse de sus acciones, de manera que si deseas ayudarles a afrontar su vida de una forma madura, es necesario prepararles bien.

Sé generoso y piensa en su futuro, no pienses en la satisfacción momentánea de complacer a tus hijos y resolverles sus problemas, de esa manera no les estás ayudando en absoluto.

En el siguiente capítulo voy a contarte algo que necesitas escuchar, quédate conmigo...

20

SÉ EL LIDER DE TUS HIJOS

"Liderazgo es el arte de hacer que alguien haga algo que tú quieres porque la persona quiere hacerlo"

(Dwight D. Eisenhower)

A lo largo de estos años, he estado en contacto con bastantes familias viviendo de cerca la realidad escolar, y he notado que una gran parte de los padres han dejado de ser líderes para sus hijos.

Se han convertido en amigos, confidentes, compañeros de juego, y atención todo eso está muy bien, pero no debes olvidar que los niños necesitan referencias claras y coherentes para adoptar modelos de pensamiento y comportamiento adecuados. El respeto hacia los padres no es un límite para demostrar la confianza y el cariño que se les tiene.

No hay que confundir el ganarse su confianza con perder el liderazgo.

Necesitan seguir a un líder que los guíe hacia la vida que se merecen. Y si no encuentran líderes en casa, ten por seguro que los buscarán en el contexto externo.

Desgraciadamente ya sabes, que no encontrará muy buenos modelos en la sociedad actual.

Proporcionarle un modelo de liderazgo adecuado, le ayudará no solo a respetar las normas de la familia, sino a creer en sí mismo y en sus capacidades, ya que un buen líder no es quien manda o impone normas, sino quien respeta a todo el mundo y ayuda a los demás aprovechar al máximo sus capacidades.

Un buen líder sabe que sus obligaciones son:

- Mostrar respeto por todo el mundo, en particular las figuras de referencia del niño como maestros, familiares de sus compañeros, personal educativo en general...

- Tener definidos claramente los objetivos familiares y saber comunicarlos con claridad a toda la familia.

- Tener en cuenta las necesidades de cada uno a la hora de delimitar las normas de convivencia familiar.

- Ser ejemplo del comportamiento que desea ver en sus hijos.

- Creer en sí mismo para poder brindar seguridad a los propios hijos y reconocer en ellos su increíble potencial.

- Crear momentos de unión y comunicación para toda la familia, estableciendo rituales que deben ser respetados.

- Saber conectar con sus hijos empatizando con su estado emocional.
- Adaptarse a las circunstancias y realizar cambios de planes cuando sea necesario.
- Reconocer los logros de sus hijos de manera sincera y sin exagerar.
- Convertir los desafíos en oportunidades de mejora y crecimiento, y transmitir esta enseñanza a sus hijos para que hagan lo mismo.
- Saber contener a sus hijos cuando sufren y dejarles expresar sus emociones libremente.
- Preservar sus propios derechos y no anteponer las necesidades de los hijos a las suyas, sino basar las relaciones sobre la igualdad.

En definitiva, si quieres que tus hijos sean sus propios líderes mañana, trátalos como si ya tuvieran todas aquellas habilidades que necesitan para serlo, porque aunque no las tengan, las desarrollarán.

"Detrás de cada niño que cree en sí mismo, se encuentra un padre o una madre que creyeron primero"

(Mathew L. Jacobson)

Todos necesitamos que alguien crea en nosotros para desplegar nuestro potencial. Ayuda a tus hijos a tener la ventaja que no tuviste y proporciónales esa seguridad que necesitan para poder volar alto en la vida.

Si respetas su integridad e individualidad, ofreciéndoles tu ayuda cuando sea necesario, serán capaces de conseguir todo aquello que se propongan y dispondrán de los recursos necesarios para afrontar todos los retos que la vida les ponga por delante.

Al fin y al cabo, ¿no es eso lo que todo padre y madre desea para sus hijos? Saber que cuando ya no estés junto a ellos para poder ayudarles, podrán resolver sus problemas con éxito y vivirán siendo libres y coherentes con sus ideas.

Si deseas esto para tus hijos, ¡comienza por ser un verdadero líder y muéstrales los pasos a seguir!

Y recuerda siempre:

"La influencia de un padre vale más que la de cien maestros"

Decálogo de los niños felices

1. Acepta a tus hijos **tal y como son, fomentando su potencial único e irrepetible.**

2. Sé el ejemplo **del comportamiento que quieres ver en ellos: pide perdón cuando te equivoques, agradece siempre y no critiques a nadie.**

3. Trata a tus hijos como te gustaría ser tratado. **No uses castigos o amenazas, por el contrario, hazte respetar empatizando con ellos.**

4. Respeta los ciclos naturales **del niño y no impongas tus tiempos.**

5. Escucha atentamente **lo que tienen que decir y ponte en su lugar para comprender sus necesidades.**

6. Dedícales tiempo **de calidad a diario y juega con ellos sin distracciones.**

7. Promueve el diálogo **abierto y diles siempre la verdad.**

 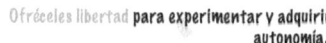

8. Ofréceles libertad **para experimentar y adquirir autonomía..**

9. Déjales simplemente **ser niños y no les exijas más de lo que pueden dar.**

10. Diles siempre que crees **en ellos y apoya sus decisiones.**

21

PADRES CONSCIENTES, HIJOS FELICES

Querido lector, estamos llegando a la parte final del libro y quiero hacer un repaso general de todo lo que hemos aprendido a lo largo de la trilogía. Quiero asegurarme de que todos los conceptos han quedado bien claros y que puedes aplicarlos a tu vida familiar para empezar a tener resultados sorprendentes.

Como bien sabes, **a lo largo de tu vida construiste una identidad basada en tus experiencias, en las creencias adquiridas y en la opinión de los demás sobre ti**. Todo esto te llevó a alejarte de tu verdadera esencia, lo que a lo largo de los tres libros he definido como tu "niño interior".

Para poder ser un padre y una madre conscientes, **es necesario salir del control de la mente subconsciente**, que te lleva siempre por el mismo camino para tratar de protegerte, dominando tus pensamientos a través de la programación mental que adquiriste en tus primeros años de vida.

Es necesario aceptar que, al no ser consciente de los condicionamientos que arrastrabas, has permitido que el entorno y las creencias colectivas dominaran tu existencia hasta que por fin la luz vuelve a entrar en tu vida.

Cuando perdonas y abrazas el pasado, te reconcilias con tu parte más auténtica, con tu niño interior, que te permite acceder al tesoro de tu corazón para rescatar esos sueños olvidados.

Una vez que asumes que **eres el único protagonista de tu vida**, y que nadie, si no tu Padre, puede determinar el valor que tienes, recuperas tu poder interior y eres capaz de educar libremente a tus hijos, libre de prejuicios y condicionamientos.

A lo largo de la trilogía has realizado un trabajo maravilloso para sacar todo el potencial que llevas dentro y desde ese nuevo YO empoderado puedas ofrecer a tus hijos la mejor vida posible.

Quiero recordarte algunos de los **valores** que hemos visto a lo largo de la trilogía y que son la **base de una vida plena, satisfactoria y feliz:**

- Procura escuchar a tus hijos de manera sincera, sin distracciones y ofreciéndoles la atención que se merecen.

- Presta atención a tu lenguaje y evita hacer comparaciones o suposiciones, porque atentan contra la integridad de los niños.

- Sé consciente del hecho que tus acciones y palabras tienen un gran impacto en el desarrollo de la personalidad de tus hijos.

- Asume que las reacciones que te provocan los comportamientos de tus hijos tienen más que ver con tus propios límites y creencias que con la conducta en sí misma.

- Demuestra tu amor y cariño a tus hijos siempre que te sea posible. Necesitan saber lo mucho que sus padres les aman para crecer seguros de sí mismos.

- Diles tantas veces como te sea posible que crees en ellos, pase lo que pase. Asume sus errores y piensa que su vida es para vivirla como ellos decidan.

- Acepta a tus hijos tal y como son, no intentes cambiar su verdadera esencia, más bien potencia sus habilidades naturales. Necesitan saber que sus padres les aceptan para aceptarse a sí mismos.

- Muestra a tus hijos el camino a seguir con tu propio ejemplo: ten el valor de perseguir tus sueños y vive una existencia plena y llena de sentido.

- No uses los castigos o los gritos para hacerte respetar. En vez de eso, consigues asustarles y que pierdan la confianza en ti.

- Sé líder de tus hijos siendo generoso y dándoles motivos para cultivar sus sueños. El liderazgo se basa en saber ponerse en el lugar de los demás y aportarles valor antes de recibir algo a cambio.

- Sé el cambio que deseas ver en ellos: si quieres que sean tolerantes, empieza por aceptar a todo el mundo, si quieres que sean humildes, empieza por reconocer tus errores...

- Diles siempre la verdad aunque duela o te cueste esfuerzo superar tus barreras mentales para hacerlo. Mentir a tus hijos no tiene ninguna ventaja, porque pueden dejar de confiar en ti y además les estarías perjudicando al darles información falsa que van a tomar como referencia para hacerse sus propias ideas del mundo.

- Dales libertad para experimentar y tomar sus propias decisiones. El amor incondicional se basa en dejar libre a la persona que se ama. No por casualidad poseemos el libre albedrío, respeta de la misma manera su forma de pensar única.

- Protege y alimenta los sueños de tus hijos, animándoles a hacer aquello que más aman en la vida. Aprende a reconocer sus talentos y céntrate en ellos, porque es donde reside su verdadero poder.

- Preocúpate más de su felicidad que de su rendimiento académico, porque la mayoría de las veces el sistema educativo es injusto y realiza valoraciones limitantes de sus alumnos, premiando solo algunos aspectos de la inteligencia humana.

- Reserva un espacio al juego cada día, porque es la forma en la que los niños forman sus propias ideas sobre el mundo. Si juega con sus padres va a aprender mucho más, y además también tú puedes obtener información valiosa sobre los estados emocionales de tus hijos.

- No centres todos tus esfuerzos en proporcionarles un estilo de vida mejor si ello supone dedicarles menos tiempo o no tener energía suficiente para prestarles la atención que necesitan. A los niños les hace falta la presencia y el amor de sus padres para ser felices, no mejores juguetes, ropa más cara o una casa más grande.

- Piensa que para dar lo mejor a tus hijos, primero tienes que prestarte a ti mismo la atención que necesitas. Si te vuelcas únicamente en ellos, y te olvidas de tus propias necesidades, terminarás por frustrarte y reaccionar mal cuando menos se lo esperen.

- Dedícate tiempo cada día para reconectar con yo interior y ten siempre un proyecto nuevo que te de el entusiasmo suficiente como para levantarte por la mañana dispuesto a regalar una sonrisa a cada persona que encuentres.

- Ofrece a tus hijos una vida espiritual adecuada, de manera que vivan con la fe que les ayude a entender que no todo en la vida va a depender de ellos, y cuando las circunstancias les golpeen, sepan que pueden salir adelante porque Alguien les sostiene y les guía en todo momento. No estarás siempre a su lado para apoyarles, pero si les donas una profunda vida espiritual nunca se sentirán solos y podrán superar todas las pruebas que les ponga la vida.

Querido amigo y amiga, la familia es la primera institución donde se desarrolla el ser humano, y donde aprendemos a amarnos y a amar a nuestros semejantes. Todo lo que aprendemos en el núcleo familiar, es la referencia con la que medimos a las personas, nuestras vivencias y nuestras familias futuras.

Con la familia compartes tus éxitos, y te brindan su apoyo en los momentos difíciles.

> *"Las familias son la brújula que nos guían. Son la inspiración para llegar a grandes alturas, y nuestro consuelo cuando ocasionalmente fallamos"*
>
> **(Brad Henry)**

Es de suma importancia por tanto que todo lo que enseñes a tus hijos esté basado en valores sanos y auténticos. Todo el trabajo que hicimos en el primer y segundo libro estuvo enfocado en identificar y cambiar aquellas creencias que no te permitían ser libre y educar a tus hijos sin condicionamientos.

Nos centramos en tu transformación personal para poder ofrecer tu mejor versión a tus hijos.

Hoy eres una persona diferente y has recuperado el poder creador que tenías cuando eras puro e inocente. Eres capaz de tomar decisiones en base a lo que dicta tu intuición y puedes dirigir de manera consciente el rumbo de tu vida.

Sabes que puedes cambiar tu realidad si cambias tus pensamientos, y que el único límite para conseguir lo que deseas es tu propia mente.

Has realizado un profundo trabajo de autoconocimiento y humildad para derribar todos tus miedos y establecer que eres el único responsable de tu vida.

> Desde tu auténtico Yo, eres capaz de educar a tus hijos siendo libre y sobre todo ofreciéndoles a ellos también esa libertad y ayudándoles a desplegar sus alas para poder volar alto en la vida.

Eres capaz de reconocer el talento único de tus hijos ahora que has conectado con la parte más profunda de tu corazón.

Puedes ponerte en su lugar y respetar su verdadera esencia al haberte liberado de los condicionamientos que no te permitían ver toda la belleza que reside en ellos.

Ya no los comparas con nadie, ni pones expectativas personales sobre ellos. Simplemente los dejas SER y los amas por lo que son en realidad, no por lo que te gustaría que fueran.

Les donas tu presencia y tu atención más sincera, dándoles motivos para creer en ellos mismos y en sus habilidades.

Respetas sus sueños y les animas a perseguirlos porque sabes que la felicidad reside en el progreso y el entusiasmo por llevar a cabo proyectos propios.

Les das motivos para sonreir cada día y ser felices, al haber encontrado tu propósito de vida y mirar de nuevo al futuro con optimismo y esperanza.

No necesitas castigarles o impartir temor para hacerte respetar, porque sabes que los líderes enseñan con su ejemplo, y la mejor enseñanza es guiarles con tus propias acciones.

Te felicito con todo mi ser, porque estás escribiendo la historia de vuestra vida, la existencia que

todo ser humano se merece, llena de amor, contribución, fe, esperanza y sueños cumplidos.

Como te dije en el primer libro de la trilogía, todos los esfuerzos reciben su recompensa tarde o temprano y, si realmente has aplicado todo lo que he compartido contigo a lo largo de los tres libros, habrás visto mejorar vuestra vida notablemente.

No se trata de tener una vida perfecta, porque la perfección no existe, sino de brindar un comprensión y una seguridad a tus hijos que les acompañarán durante toda la vida.

Recuerda siempre esto:

> **Dios te ha bendecido con tu familia. Esa es su bendición para ti. Tu misión es convertirte en luz para alumbrar su camino. Así entre todos dejaremos un legado de amor y respeto en este mundo y contribuiremos a crear una humanidad más consciente y respetuosa de la que encontramos.**

Dales siempre lo mejor de ti y nunca podrás equivocarte. Y cuando cometas un error, no te culpes, admítelo, pide perdón y mira al frente. Muéstrales que eres líder pero al mismo tiempo estás aprendiendo y reconoces con humildad tus defectos para poder mejorarlos y ofrecerles siempre un nivel mejor.

No temas la adolescencia, ni llores el día que se alejen de ti. Más bien regocíjate por ellos, porque han superado con éxito todas las etapas de su crecimiento y se han convertido en jóvenes independientes preparados para vivir su vida.

Ten siempre muy presente que los hijos son un préstamo durante un periodo de tiempo limitado, después debes dejarles volar. Un día vendrán a darte las gracias por todo lo que les diste y tus enseñanzas quedarán grabadas en su corazón por siempre.

No hagas caso a las voces que dicen que los niños de hoy en día ya no respetan a sus padres o que los adolescentes son unos desagradecidos que odian a sus padres.

En vez de escucharles, plantéate que están haciendo esas personas por sus hijos, y fíjate en todo lo que estás haciendo tú y encontrarás la causa de sus quejas. Ves siempre hacia adelante y no te desvíes del camino.

Ahora sabes quién eres y adónde vas en la vida y ¡ya nada ni nadie te pueden parar!

Te doy mi más sincera enhorabuena por ser una persona especial, dispuesta a poner en duda sus creencias más arraigadas para ofrecer lo mejor de sí misma a su familia.

Este coraje demuestra toda la grandeza que llevas dentro y el amor incondicional que sientes por ellos.

Ahora que sabes el valor que tienes, eres capaz de dárselo también a tus hijos y disfrutar al máximo de cada momento pasado juntos. No esperas a perder aquello que más amas para valorarlo como se merece, porque eres muy consciente de lo que tu familia significa en tu vida.

La familia es tu hogar, no importa aquello que suceda, porque os tendréis siempre los unos a los otros. No perdáis nunca esta maravillosa unión porque son las personas que de verdad te amarán por lo que eres realmente y se quedarán a tu lado cuando todos los demás se marchen.

Antes de despedirme, quiero compartir contigo una poesía que me toca profundamente el corazón y aunque la conozcas, te pido que la leas una vez más desde tu nueva perspectiva de la vida:

"Hijo es un ser que Dios nos prestó para hacer un curso intensivo, de cómo amar a alguien más que a nosotros mismos.

De cómo cambiar nuestros peores defectos, para darles los mejores ejemplos.

De nosotros, aprender a tener coraje.

Sí, ser madre o padre es el mayor acto de coraje que alguien puede tener, porque es exponerse a todo tipo de dolor, principalmente a la incertidumbre de estar actuando correctamente y del miedo a perder algo tan amado.

Porque fueron apenas un préstamo, el más preciado y maravilloso préstamo, ya que son nuestros solo mientras no puedan valerse por sí mismos.

Luego les pertenecen a la vida, al destino y a sus propias familias.

Que Dios bendiga siempre a nuestros hijos, pues a nosotros ya nos bendijo con ellos"

José Saramago.

Nunca te olvides de esto:

Tus hijos no serán felices gracias a lo que hayas hecho por ellos, sino a lo que les hayas enseñado a hacer por ellos mismos. Sé consciente de su necesidad constante de aprender y progresar, y ayúdales a ser autosuficientes en todos los sentidos.

Tu serás padre o madre toda la vida, pero ellos serán niños una sola vez en la vida. Déjales que vivan su infancia plenamente.

El mejor juguete que pueden tener tus hijos es el tiempo que les dedicas diariamente. No te obsesiones con darles más cosas materiales, porque no las necesitan.

El legado más grande que puedes dejarles es un profundo amor por su propia vida y un gran respeto por sus ideas. Si saben que crees en ellos, se sentirán capaces de hacer cualquier cosa.

"No es la carne y la sangre, sino el corazón lo que nos hace padres e hijos" (Johan Christoph Friedich)

Lo que más les va a ayudar a ser personas seguras de sí mismas y a tener el valor de perseguir sus sueños es la convicción de que sus padres les aceptan y les aman de manera incondicional.

Por tanto, **repíteles cada día cuanto les amas**, pero no solo se lo digas, **y demuéstraselo con tu inmensa generosidad** al anteponer siempre a tus propias expectativas, lo que necesitan para ser felices.

Ese es el mayor gesto de amor que puedes cumplir en tu vida: **dejar a un lado todo lo que habías planificado y soñado para ellos, permitiendo que vivan en base a sus propios valores e ideas.**

Cuando vuelen del nido, y quieran vivir sus propias experiencias, siéntete satisfecho por haber criado hijos autónomos y maduros, y no les hagas pesar que reclamen su propia independencia, porque es su legítimo derecho. Más bien empújales a perseguir sus sueños y la vida que desean, porque aun cuando sean adultos necesitarán el apoyo y comprensión de sus padres.

No confundas el amor con la dependencia, porque precisamente el hecho de que tus hijos vuelen alto, quiere decir que lo has hecho realmente bien. Y ten presente que no vivirán su vida como lo has hecho tú, no tendrán tus mismos sueños, pero en cada paso, en cada éxito, les acompañará el maravilloso recuerdo de la enseñanza recibida.

Hace falta tener mucho valor para dejar volar a tus hijos. Por eso te felicito desde lo más profundo de mi corazón, hacen falta personas comprometidas con la libertad, el amor y el respeto, y tú eres una de ellas.

Después del camino recorrido juntos, aunque no te conozco personalmente, puedo imaginar el tipo de persona que eres. Alguien como yo, que desea con todo su ser dejar su mejor huella en esta vida a los suyos, de manera que cuando ya no estemos en este plano, queden solamente los recuerdos de los momentos felices.

Por eso estoy segura de que a partir de ahora las cosas en vuestra vida irán viento en popa, no obstante las dificultades y desafíos que se presentarán, sabrás enfocarte de la mejor manera en cada situación para ofrecer una vida digna a los tuyos.

Ahora y siempre formarás parte de mi vida por haberme dado la oportunidad de acompañarte en este maravilloso viaje.

GRACIAS DE TODO CORAZÓN POR CONFIAR EN MI Y DEJARTE GUIAR EN ESTE CAMINO.

NUNCA OLVIDES ESTO:

UN PADRE Y UNA MADRE SON EL PRIMER AMOR PARA UN NIÑO, PROCURA DARLES LO MEJOR DE TÍ Y ASI UN DIA PODRÁN DONAR ESE AMOR A SUS PROPIAS FAMILIAS.

TE AMO.

TERESA

CUANDO LA VIDA ME DIO LAS RESPUESTAS QUE BUSCABA

Como te he contado en los dos anteriores libros, hace unos años pasé un momento difícil en el cual toqué fondo y necesitaba un cambio en mi manera de afrontar la vida.

Llevaba mucho tiempo buscando una referencia adecuada sin encontrarla. Finalmente, cuando estuve preparada, la vida me puso delante "La voz de tu alma" de Lain Garcia Calvo.

A partir de ese momento empecé a enfocarme en lo verdaderamente importante y a dar prioridad a lo que mi interior me decía que debía hacer. Obtuve claridad no solo sobre cómo funciona el mundo y de qué manera podía utilizar esos principios a mi favor, sino sobre quién era yo y qué mensaje tenía que dar al mundo.

Te recomiendo que leas " La voz de tu alma" porque te va a dar la respuesta a muchas preguntas existenciales que llevas haciéndote desde hace tiempo, y si aplicas las enseñanzas de Lain, verás mejorar tu vida exponencialmente.

Ya son cientos de miles de personas las que han transformado su vida con este gran Bestseller, ¿quieres ser tú el siguiente?

No te pierdas las joyas de conocimiento que contiene "La voz de tu alma" porque en ellas encontrarás la revelación necesaria para llevar tu vida a un nivel superior, tal como hice yo.

Gracias Lain por estar comprometido a crear un mundo mejor del que encontramos. Eres un verdadero ejemplo de compromiso y entrega, y te estaré siempre agradecida por todo lo que me has enseñado.

¿QUIERES AYUDARME A CREAR UN MUNDO MEJOR?

Si es así, te pido que recomiendes este libro a aquellas personas que necesitan una nueva visión en su vida y conviértete en precursor del movimiento de padres y madres conscientes, de esta manera entre todos podremos dejar a las futuras generaciones un legado de libertad, esperanza y respeto.

No importan todos los bienes materiales que puedas dejar a tus hijos en esta vida, lo que realmente va a marcar la diferencia, es la mentalidad que les proporciones durante su desarrollo.

Porque cuando despeguen el vuelo, tendrán los recursos necesarios como para tomar las decisiones adecuadas y afrontar con éxito todos los retos que la vida les ponga por delante.

Si lo deseas, puedes hacer una foto de cualquier página de la trilogía y subirla a tus redes sociales para poder difundir el mensaje a más personas.

Esto no es un adiós definitivo, sino un hasta luego, porque voy a continuar a darte consejos y mucha más información en mis redes sociales y en mi página web, para que sigáis mejorando vuestra vida.

Sígueme:

 Teresa Vitaller Gonzalo

 Teresa Vitaller Gonzalo

 Teresa Vitaller Gonzalo

 www.teresavitallergonzalo.com

Si te gustan los post que encontrarás en mi blog, te agradecería enormemente que me dejaras un comentario, para poder tener más información sobre los temas que te puedan interesar.

Si por el contrario, deseas tener una sesión privada conmigo, mándame un correo a teresavitallergonzalo@gmail.com y me pondré en contacto contigo para concertar una cita.

¡Espero recibir noticias tuyas pronto!

www.ingramcontent.com/pod-product-compliance
Lightning Source LLC
Chambersburg PA
CBHW022006160426
43197CB00007B/297